필자 月湖 변우택(邉宇澤)

차 례

변우택님 일생이 깃든 역작 시집 출간을 축하하며

신동우
강동갑 새누리당 국회의원

회갑을 기념하여 시집을 발간하신 변우택시인님께 먼저 축하의 인사를 드립니다. 변우택님의 회갑기념시집, '살면서 · 느끼면서' 의 발간소식을 듣고 저는 그 열정과 꾸준히 시를 쓰는 모습에 그저 놀라움을 금할 수 없었습니다.

조합장으로서 그 바쁜 와중에 어떻게 시간을 쪼개 책을 쓸 궁리를 했는지 한 번 놀라고, 원고를 읽어보고 두 번 놀랐습니다. 그저 자수성가한 훌륭한 분으로 알고 있었을 뿐인데, 이렇게 폭넓은 삶을 살아왔을 줄이야 미처 몰랐기 때문입니다.

글은 곧 그 사람이라는 말이 있습니다. 시집을 읽으며 자연스럽게 변우택님의 모습이 떠오르게 됩니다. 예리하신 그의 통찰력, 낭비에는 용서함이 없는 그 엄격함, 어느 한 순간도 시간을 허비하지 아니하시는 그의 부지런하심, 추진력 있는 카리스마와 함께 따스한 그의 모습을 그의 시에서 떠오르게 됩니다.

저도 한 편의 저서를 출간한 경험이 있어 책이 출간되기까지의 노고를 잘 알고 있습니다. 그러나 이 책은 보통의 서적보다 몇 갑절이나 소중함이 깃든 책으로 변우택님 일생의 역작이라고 생각합니다.

이 시집은 변우택시인의 환갑기념시집이기 이전에, 어미를 그리워하는 소년이 몸을 일으켜 배움의 뜻을 이루는 과정을 기록한 한 편의 드라마입니다.

그의 삶은 요즘 세상에서 정말 보기 힘든 의지의 표상이라 하겠습니다.

〈살면서 · 느끼면서〉는 그의 집필활동에 새로운 기운을 불러일으키는 계기임과 동시에, 아직 문단에 등단하지 못한 채 시를 쓰는 이들에게 자신감과 용기를 주는 귀감이 되리라 믿습니다. 그의 경륜과 지혜가 이 시집을 읽는 모든 분들의 앞날을 환히 비추기를 기원합니다.

신동우〈국회의원〉님은 서울대학교 문리대 / 서울대 환경대학원 / 미국 펜실베니아 주립대 경영학 석사 / 행시 21회 / 서울시 환경관리실장, / 서울시 산업경제국장 / 민선 3, 4기 강동구청장 / 19대 국회의원 / 저서 : 도시는 꿈이다 (2011)

추천사

수연을 겸한 시집 간행을 축하합니다

정영기
강동문인협회 회장

먼저 세 번째 시집 간행과 수연(壽宴)을 축하합니다. 가족 모두 행복하시고 두 분 해로하여 평안하시기를 빕니다.

강동문인협회 회원인 변우택 시인을 자세히 알게 된 것은 2012년 제17회 강동선사문화축제 시화전 때부터입니다. '독도사랑 30년' 캠페인을 하겠다고 요청을 하여 시화전 곁에 장소를 허락하여 주었습니다. 제2시집 《독도사랑 30년》과 팸플릿을 읽어보고 변우택 시인을 우러러 보게 되었습니다. 그래서 2013년 4월 18일 '제103회 강동가족 시와 산문 낭송회' 때 변우택 시인으로 하여금 독도에 대한 특별강의를 하도록 하였습니다. 독도경비대에 근무하면서 보고 느낀 바를 시로 쓰고 사진으로 찍어놓은 것들을 영상으로 보여주면서 자세한 설명을 하여 주었습니다. 그 내용들이 너무도 중요하여 《강동문학》 제21호에 모두 인쇄하여 놓았습니다.

제3시집 《살면서 느끼면서》는 시인의 말대로 '경험적 감정과 느낌을 표현한 순수한 노래'를 써놓은 시편들입니다. 유년시절부터 회갑을 맞이하는 날까지 48년간의 추억들을 시로 표현하여 놓았습니다. 참으로 소중하고 귀한 시집입니다. 시 창작에 있어서 비유와 상징은 지난날의 시 표현상의 양대 무기였을 뿐만 아니라, 현대에 있어서도 역시 마찬가지입니다. 어떤 사실이나 느낌이나 사상을 직접적으로 기술하고 영탄하고 설명하는 길을 떠나, 청자의 귀와 독자의 눈이 그걸 여실히 하기 위해 직접적인 비교를 빌려 말하지 않을 수 없는 비유와 상징의 길이 비로소 필요하게 됩니다.

끝으로, 강동문인협회를 위하여 두 번씩이나 광고를 주시고 많은 협조와 봉사를 하여 주셔서 진심으로 감사드립니다.

활동하시는 모든 사업이 번창하고, 문운이 왕성하기를 빌겠습니다.

정영기 님은 연세대학교 졸업, 고려대학교 교육대학원 졸업 / 한국문예 신인상, 선사문학상, 민족혼선양우수원고대상, 강동구민대상(문화부문) / 문화재자문위원, 강동문인협회 회장, 국사편찬위원회 사료조사위원, 상학학술회장 / 저서 : 문집《靜思齋》1, 2집, 수필집 《사랑은 오랜 기다림 뒤에 오는 것》, 전기문《해공산악회》, 시집 《오늘은 가슴 터지도록 임이 그립다》 《언제나 시간이 모자란 사랑》 《우주보다 더 큰 사랑》 《바다 바위 그리고 사랑》공저 《강동 역사와문화》 / 《토요저널》 '우리고장 문화유적 답사기' 40회연재, 《문학마을》 '문촌기행' 43회 연재.

앞마당

고통을 부둥켜안고서라도 사력을

나는 한국전쟁 후 나라가 어려웠던 시절, 평범한 한 농가의 장남으로 태어나 모름지기 인생을 사는 것 같이 살아보려고 고민하고 번뇌하며 충직하게 산다고 지금까지 열심히 살았다. 혼자서, 때로는 이웃과 더불어 주변도 아우르며 한때는 목숨 걸다시피 전국을 돌며 일에 빠져 살아 보기도 했다. 때로는 일탈하면서 인생을 향유하고 고독에서 벗어나려는 몸부림도 쳤다. 그러다가 문득 뒤를 돌아보니 잠깐인지 순간인지 어느덧 나도 인생 환갑에 이르렀는데 마음은 언제나 젊어 있어 영혼의 병이 깊기만 하다.

망각이란 그물 속에 세월과 이웃 그리고 나와 인연된 모든 소중한 것들을 가두어 놓고 변명 같지만 분주한 일상에 영육을 바치며 앞만 보고 쫓다보니 그들에 대한 당연한 도리와 체면을 못다 한 것 같다. 지금까지 내 삶의 철학과 신앙이 무엇이었는지, 가족에 대한 나의 직분은 제대로 수행했는지, 이웃과의 유대는 어떠했는지, 그리고 앞으로 다가오는 나머지 삶은 어떻게 할 것인지 등에 대한 안타까운 성찰과 여전히 야심찬 기대감이 생겼다.

그래서 이쯤에서 한 번 뒤를 반추해 보고 앞을 계획해야 할 의무감 같은 것이 생겼으며 또 한편으로는 한 평생을 살면서 경험하고 느낀 기록을 정리해 보는 것도 의미 있는 일이지 싶었다. 그런 맥락에서 내 삶의 일기 같은 나의 노래들을 역사책 같이 묶기로 했다. 따라서 이번 제3시집은 지난날의 인생을 총정리한 시집으로 제1시집과 제2시집에 수록된 것을 제외하고는 모든 시를 다 수록하였다. 전체를 6장으로 나누었는데 제1장 1960년대, 제2장 1970년대, 제3장 1980년대, 제4장 1999년대, 제5장 2000년대, 제6장 2010년대(2013년까지)로 분편하였다.

나의 시는 1965년 가을(초등학교 6학년 시절)의 습작 한 편이 용케도 보존되어 있어 그것이 첫 작품이긴 하지만 본격적인 시작은 1968년 5월 20일(월요일) 우리의 사랑하는 어머니가 청천벽력 같이 세상을 떠나신 후부터 충격을 못 이겨 홍얼홍얼

다하겠습니다.

변우택
(시인 · 한국문인협회 회원)

부르기 시작하여 습관처럼 되뇌이고, 수시로 반복한 나 혼자의 한풀이, 음치가 부른 애수의 사모곡들로부터 시작된다.

그러나 언제까지나 슬픈 노래만 부를 수가 없었다. 그래서 기쁜 노래를 부르려고도 했지만 그 노래조차도 결국엔 슬픈 곡조가 되고 말아 나의 시는 어쩔 수 없이 슬픔과 탄식과 한숨과 눈물과 그리움이 서릴 수밖에 없었다. 사랑노래도 그렇고 꽃노래도 그렇다. 나의 기쁜 노래는 다만 슬픈 곡조에서 벗어나고 싶은 희망사항일 뿐이었다. 어린 날의 상처, 그것은 참으로 깊고 오랜 지속으로 멍에 같은 것이었다.

한편, 나는 불혹의 연륜에 이르러서 여전히 슬픈 곡조에 깊숙이 빠져 있음을 알고 이제는 벗어나야 한다는 생각에 어제의 청산과 오늘의 개혁, 그리고 내일에 대한 반전의 용단으로 만날 길 없이 아득한 천국에 계시는 그리운 우리 어머니의 영복 기원과 그동안 나의 역사를 이루게 해준 모든 이웃들에게 감사하는 마음으로 비록 노래가 되지 못한 타령들이지만 삼가 경건한 마음으로 이 시집을 내려고 했으나 뜻을 이루지 못하고 있다가 내 인생 환갑에 이르러서야 마침내 집대성하여 환갑기념시집으로 펴내는 바이다.

청년시절 문학청년이면 누구나 한 번 쯤은 꿈꾸는 신춘문예 등을 통해 등단을 시도해보고도 싶었지만 작품도 졸렬하고 용기가 나지 않아서 포기하고 그 후로는 생업에 몰두하면서도 감동이 흐를 적마다 시작은 꾸준히 했지만 등단을 해야겠다는 생각도, 노력도 하지 않았다. 내가 문학의 길을 전공으로 택하지 않은 이유 중 하나는 그도 문학의 길을 가지는 않았지만 시도 수필도 잘 쓰던 누님이 국문학과를 전공한 때문에 한 집에서 둘이 같은 길을 걷는 것은 좋지 않다고 생각하고 농민의 아들인 나는 거대한 기업원예농을 꿈꾸며 원예학을 선택하였고 문학은 전공이 아닌 선택과목으로, 다만 취미가 되고 말았다. 그러나 알코올 중독환자가 술을 마서야 하는 것처럼 시를 쓰지 않고는 견딜 수가 없었다. 그래서 한평생 일기처럼 습관처럼 자주 시를 쓰곤 했다.

그러던 중 1992년에 제1시집 "내 죄 사함을 위하여 내 인간 사랑함을 위하여" 라는 시집을 냈고 2011년에는 "독도사랑 30년" 이라는 제2시집을 출판하고 기념회도 가졌다. 또 양친회고록을 겸한 "특별한 한권의 책" 과 원주변씨 시조 대은 변안열공의 불굴가를 비롯한 문집 발췌본도 출간하였다. 기성문인들은 이를 두고 무면허운전을 한다고들 하였다. 그러던 중 강동문인협회의 한 분과 인연이 되어 강동문인협회에 들어 활동하면서 그 분의 소개로 백두산문인협회를 통해 뒤늦게 문단에 등단하였고 이어 한국문인협회 회원으로 가입하였다. 나는 그동안 문예지, 사보, 기호문학, 강동문학, 백두산문학, 사상과 문학 등등 기회가 주어질 적마다 졸작이나마 발표하곤 했었다. 그리고 앞으로도 계속 시를 쓸 것인데 그 시들을 엮은 "살면서 느끼면서 제2집" 과 기행문집, 수필집 그리고 가칭 "사라져가는 민간놀이" 라는 민속자료집을 발간하면 내 문학적 욕구는 거의 충족될 것 같다.

이제는 시인으로서 더 이상 무면허운전을 하지 않고 당당하게 책을 펼 수 있게 된 것은 행운의 일이며 감사할 따름이다.

필자의 고백-

화보(畫報)

1960년대

생가에서 우정이와 함께

아버지

가을소풍 (천생산)

가을소풍 (금오산)

청구중학 교정

어머니 산소에서

낙동강 나룻배를 타고

삼남매

우리집 포도밭에서(1970)

가을소풍

천주교 산동공소 낙성식(1971)

1970년대

제주도 수학여행

감고르기 (아버지와 우정)

대입기념

수성동 자취집에서

4-H 연찬회

보이스카우트 활동

고교 봄 소풍

대학 졸업식

고교 학생회장 시절

경북대 캠퍼스

고교 졸업기념

원예학과 앞

누님 결혼식

연구실 소풍

1980년대

삼척 하장 선대산소 성묘

경북 기동대 시절

울릉도 천부항

독도 경비대

꽃꽂이 전시회 지도

첫 취업 (육종 연구농장)

경북 기동대 시절

대학원 졸업식

아버지 회갑연

설 연휴 윷놀이

여름날의 바비큐

할아버지 장례

1 9 9 0 년 대

청원종묘 근무시절

세정, 강현이와 함께

사내 체육대회

아이들과 눈썰매 타기

제1 시집 출간

낚시터에서

부자손(父子孫) 3대 경복궁에서

금강산에서 첫눈맞이

할아버지 설 성묘 후

고양 세계 꽃 박람회 참석

청원종묘 근무시절

초교 3년 맹순희 선생님과

2000년대

남양주 별내 선대(병사공) 산소에서

아버지 설날 손자들의 세배 받으시고

2002년 월드컵 4강 응원

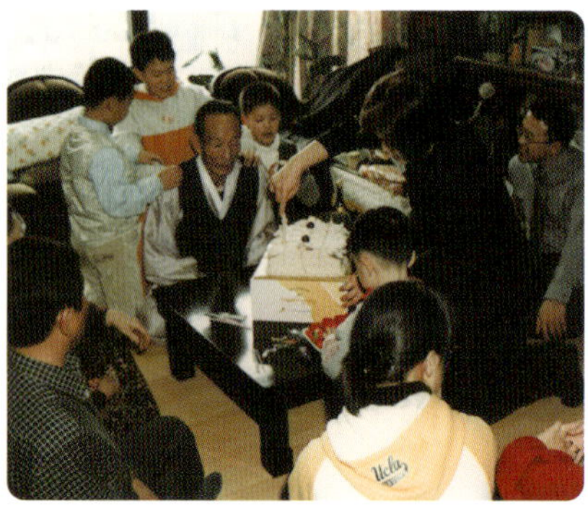

아버지 생신날(태음 1월 5일)

설악산 울산바위

추억어린 뒷동산 - 사촌 형제들과

경로찬치

단동 박작산성에서

김충환 국회의원과 한때

노인복지관 김매기

태안 기름유출사고 지원활동

2 0 0 0 년 대

2005년 4월 선친 장례를 마치고

반혼제를 지내고

선친 1주기 제사를 올리며

장례식 당시 묘소

장례 1년 후 묘소

선친 1주기 담제 및 부제 상차림

선친 1주기 성묘를 하고

아들 강현 중학교 졸업식

재건축 전문가 과정 수료

초등학교 친구들과 환선굴 주차장

목포 갈치낚시

김영랑의 생가

김영선 의원과 아침고요 수목원에서

고향 진산 베틀산에서

강현고교 졸업식

행정대학원 졸업식

2 0 1 0 년 ~ 2 0 1 3 년 까 지

설날 아들과 조카의 세배를 받고

신춘대설

설날 차례 후 말풀치기

홍도에서

흑산도의 날 풍어제

아우슈비츠 포로수용소

폴란드 크라코프의 소금광산 동굴 안에서

오스트리아 왈츠를 배우고

동유럽 5개국여행 - 비엔나 링거리

누님 환갑 생일날(일선교)

누님 환갑 생일날(낙동강)

나시 찾은 독도(좌 . 2009년 5월 / 우 . 2010년 8월)

누님네 가족들

설날 아들에게 세뱃돈

2010 ~ 2013년까지

'독도사랑 30년' 시집 출판기념회

'독도사랑 30년' 시집 출판기념회

백두산 문협의 신인문학상 수상

속초 아바이 순대 마을에서

부모님 산소 추석성묘(2012년)

고향 농장 정자에서 담소(2012년)

도시 재생에 관한 국제세미나

일본 도쿄 - 도시 재생에 관한 국제세미나(한국 · 일본 · 대만)

인제의 송어 축제

추석날 불고기파티(2013년)

대한민국 평화통일 촉진 문화인 선언대회 (임진각 2013년 11월 21일)

국민포장을 수상한 누님(2013년 11월 6일)

제 1 장

1960년대

가을길

높고 푸른 가을하늘
끝없이 넓고 노오란
황금벌판은
언제나 부산하다.

하늘에는
구름이 부지런하고
들판에는 아버지 아저씨
벼베기 한창인데
드문드문 서 있는 허수아비
녹 쓴 깡통 차고
새 쫓기 바쁘다.

길가엔 나락단이
줄지어 서고
우리들은 한쪽 길로
줄지어 가면서
수레가 지나가도
손 흔들어 인사를 한다.

신작로 큰길가의
코스모스 꽃들도
바람 따라 흔들거리며
지나가는 우리에게
안녕, 인사를 한다.

1965. 가을

그리움(1)

첩첩 산골짝
골짜기마다
봄은 왔는데
얼었다 녹은 산에
물 다시 흐르고
집집마다 뜰 안에
꽃 다시 피건만
보고픈 어머님은
어이 못 오시는가.

오시는 날 언제이랴.
저 볕살에 봄빛 새겨지면은
진작 오마하시던
그 표정

누나야
정아
마중 가자
그립지 않느냐.

마중 나가 기다리다
아니 오셔도
타는 마음의 불길 같은
그리움은 다소 가시지.

1968. 04.

그리움(2)

별들이 하나 둘씩
떠오르는 골목에서
당신을 못 잊어
오늘도 서성이고 있습니다.

비록 부족하고 안타까와도
당신의 뼈 묻힌 고향
여기이기에
볼 품 없이 초라한 울안이지만
진정 당신을 기리는 마음
끝이 없습니다.

별들이 총총
밤이 깊으면
당신 생각에
그리움은 더욱
하루라도 더 계심을
이러쿵저러쿵
봄밤만 깊으디 깊어갑니다.

1969. 04.

가을밤에

황홀한 살구 복사꽃
사라진 지
그 언제이뇨.

온갖 벌레소리
귓전에 가득하고
중천의 고운 달빛
그 새 차가웁다.

이슬 차가운 시냇가
홀로 선 버들
달빛 아래 외롭고

깊은 밤, 새워 우는
귀뚜라미 울움
소란스러움에
어지러운 이 마음까지
쫓아 야단스럽다.

1969. 10.

제 2 장

1970년대

이별한 마음

천년이 흘러갔어도
새날은 오고
오라네 가라네
청하는 이 없는데도
계절은 오고
꽃 피고 지는 언덕마다엔
황혼이 스친다.

숙명을 못 이겨
하늘처럼 믿던 님 가신 뒤
한없이 맴도는 바람결같이
슬픈 침묵이 일고
그리고 그리고는
황혼의 언덕엔
뒤범벅이는 아픔만 남았다.

슬퍼라. 슬퍼라.
의지턴 님 가심이
이 몸 죽어 백토 됨보다
더욱 슬퍼라.

님과의 이별이
슬픔이요 아픔인 줄
진정 몰라도 좋은 것을.

1970. 01.

졸 업

흰눈이사
저 밭에
나려 쌓이고
봄바람이야
보리밭 능선을
넘어 오지만

오늘 졸업으로
사방팔방
저의 길로
헤어져 가는
우리

언제나 보랴.
나의 벗은

1970. 01.

내 고향(1)

유학산 천생산 바라다보며
베틀산 가지 내려 뻗은
달밤봉 등에 업고
내가 나서 자란 곳
정든 산골은
고요한 밤이면
구지봉 넘어 금오산에서
반짝반짝 비춰등불
등대처럼 비치기도 한다오.

낙동강물 되기 희망 삼아
개울로 맑은 녹수
티 없이 흐르는 밤엔
아득한 하늘나라 작은 별조차
은빛 옥빛 무지갯빛
꿈을 주는 곳이라오.

해마다 오는 봄마다
소 몰아 논밭갈이 하는 사방 곳곳에
농심처럼 새하얀 조팝꽃
봄처녀 순정 연분홍 진달래꽃
산기슭마다 밭둑마다서
반가이 웃는다오.

큰 일꾼 나뭇짐에 꽂힌
머언 산 참꽃다발

꽃병에 다시 피는 때
새끼 노루 어미 찾아
산길 십리 방황하는
정든 산골
내가 나서 자란 곳 산동이라오.

1970. 01.

그리움(3)

하늘이 끝닿은 곳
멀어도 얼마일까.

가물가물 구름안개
뫼담을 둘리운 곳.

자라나서 그리운 탓
이태삼년 울기도 했소.

1970. 01.

그리움(4)

소슬 부는 바람과
파릇한 잔디의
감미로운 포옹 속에
살며시 틈 끼어 누운 하루.

기다림이 지겨운
기나긴 삼월나절
비야 오지만 은실 줄기고
지루한 봄날을 종달새가 운다.
들새도 운다.

언제나 오고 가는
나달이지만
다시는 못 오는
그 날 봄날이
그리는 마음 안에
검게 타누나.

1970. 03.

편 지

가느다란 인연의 연속
한발의 가슴에
비가 내리는

너무나 오래 끊인
우리의 이야기가
새 기쁨을 일으키는

가마득 잊었던
당신의 기억을
새로움으로 탄생케 하는

흘러간 세월을
나무랄 수 없는
무심했던 우리의 죄인 것을

하지만 편지는
낱낱이 여물은 강낭콩 같은
우리의 깊은 마음
속속이어라.

1970. 06.

아카시아 꽃길에서

넓다란 한길에서
비좁은 산길로
숨가쁨을 참고
마구 뛰어 들었습니다.

아 - 거기에는
새하얀 꽃 피어나는
기쁨의 소리
너무나 찬란하고 우렁찼습니다.

송알송알 꽃송이
산천에 널린 길을
일렁이는 마음으로
귀 기울이고 걸었습니다.

허구한 날을
이 한 철 그리며 살아온
우린, 참 행복한 존재
그들은 그렇게 속삭이고 있었습니다.

나는 곧장
넓다란 한길로 뛰어 나왔습니다.
나는 아직
한 때의 영광을 알지 못합니다.
나는 일생
이별의 슬픔을 지고 살 겝니다.

1970. 05.

봄길에서

어릴 적에 오가던 길
금년에도 오갑니다.

어릴 적에 놀던 산발치
금년에도
오가며 머물다 갑니다.

오던 길 가던 길
그 길가에
어느 샌가 올해도
흰 꽃 찔레가 피었습니다.

천국에서 왔는지
어디서 왔는지
나비 한 마리
지다 남은 찔레꽃
품섶 품섶을 안겨 듭니다.

아!
슬피 우는 소쩍새는
가신 님의 넋인가요.

찔레도 한두 꽃잎마저 진 뒤는
한 마리 나비도
어디론가 가버릴 테지요.

1970. 05.

감 자

올해도 감자농사
골골이 풍년일세
들마다 밭마다
흰 꽃 자주 꽃 몽실몽실 피었어라.

탐이 나서 감자 꽃
바라보면은
지금은 아니 계시는
어머니 생각.

잿불속에 반 탄 감자
쪽박에 담아 주시면
마당에 멍석 깔고
누나 동생 나와 같이
어머니 감사, 냠냠 먹던 일
모두가 추억 속에 멀어만 가는데.

흰 꽃 자주 꽃 모두 진 뒤는
이랑마다 그루마다
비취열매 둥굴게도
주렁 - 주렁
꿈처럼 달렸어라.

1970. 06.

선형(先兄)께

형!
지금 난 형의 집 앞에
말없이 섰소.

보고파 찾았는데
전같이 반기지 않길래
다만 선 채로
긴 시간 침묵에 잠겼소.

형!
형은 우릴 버리고 갔지만
나는 오늘도 왔소.

형!
무덤이란 벽 아래서
무슨 사색을 하오.

흙이 벽을 이루어
서글프게도
형과 날 갈라놓았소.

형!
형은 흙이 좋아
무덤에 갔소.

가슴이 터지도록

목메어 불러도
아무 대답 없이
영 -, 가버리었소.

형 !
형도 이제는
영원한 자연이 되었소.

태초로 돌아간 까닭에
다시 돌이킬 수 없다면
부디 편히 쉬소서.

1970. 06.

해는 지고

서산의 숲을 비켜서
해는 지고
그 숲을 밟고 넘어
칠흑 같은 어두움이
장승처럼 다가온다.

아득한 어두움 저편에서부터
내 마음까지
이슥고 비가 내리고
이름 못 다 지을 허공마다엔
비안개가 암막처럼 드리운다.

열기 낮은 육신엔
체념의 꽃이 피고
향기 없는 꽃들 마다엔
죽음이 오는가 보다.

비는 밤새도록
죽은 향기를 끌고
어둠속을 다닌다.

해가 진 뒤의
비 오는 나의 세상은
온통 주검뿐이다.

1970. 08.

그리움(5)

잊어야 하는
잊을 수가 없는
그리운 어머니 얼굴이
보리밭이랑 속으로
여울지던 날.

잊을 수 없는
잊어서는 아니 될
이제는 없는
머얼리 사라져버린
공산 같은 내 삶의 품이여.

잊어야만 하는
애타게 그리워도
잊어야만 될
하지만 그리운 어머니
태산 같은 내 생의 이정표여.

1971. 01.

님의 꿈

산길, 물길
구비는 먼 길 아닌
아득한 저승길을
세상에 오직 한 분
나의 님은 갔습니다.

초겨울 어느 밤에
님을 뵈옵기로
허급 황급 반겨하였더니
마다시고 님은
모진 눈보라 속을 삽시에 되가시다.

서러움에 화급히
감은 눈 뜨고 보니
꿈 -,
꿈이었습니다.

정 끊으려 하심인가.
하마 님은 머언 나라로
무정히도 가시고 만 것을

억지상봉이라도 못한
허전한 마음 가눌 길 없어
달빛 차갑게 드는 문을 열고
분별없이 돋아난 별들을
늦도록 새도록 바라다봅니다.

님이시여!
어디에 계십니까.
달나라 별나라
대명천지 해 돋는 나라
아니, 영원의 나라
천국이지요.

1970. 11.

눈 오는 밤

서러움이 짙은
내 땅 우에
순박한 노래 소리 들리어
놀라움에 일어나 창을 여니
눈---,
눈이 오누나.

담 너머 오동낭게
지다 남은 잎에도
눈의 노래 들리는데
어이 내게는
님의 노래 들리지 않아요.

그토록 울어대던 귀뚜라미
진진한 울음이
이 날엔 없고
찢어질듯 밝은 달도
없는 이 밤에
무심하여도
서럽게 들리는 눈의 노래
이 한밤 다 가도록 들리어 온다.

1971. 01.

비목(碑木)

최후의 변명도
너를 구하지 못한다는
어리석은 상식조차 잊었는가.

눈 내리는 날에사
만년 걸친 옷 훌훌히 벗고
새 단장 하는구나.

후회 속에 비눈보라 얼싸 안고서
긴 세월 지나서야
속몸 드러날까 이끼를 끼치랴.

뒤로 보이는 건 백골산
숙명의 이름으로 지어진 산 앞에
그리움은 무엇인가.

님의 영혼 가시고
님의 육신 흙이 되고
눈 덮인 무덤가에
너만이 산그림자 의지하며
외로이 솟아 남는가.

품에 싼 몇 글자
'길이 평안함에 쉬어지이다.
김말지나지묘'

1971. 01.

옛나루터에서

해는 뉘엿뉘엿
달과 별은 기웃기웃
날 저문 하늘 높인 기러기 날고
길 늦은 나룻터엔 처량한 내 발걸음.

지향 없이 바람 불어
구름이 가고
끝없이 흐르는
낙동강 가로질러 나룻배도 간다.

물 아래는 송사리 놀음
위으로는
떠가는 나뭇잎 율동
자잘한 물살에 어울림이 좋은데.

백사장에 모래밭에
지워져 맴도는
님의
옛 자취가 그리웁다.

1971. 02.

고향의 봄

눈서리에 묻힌 날이 어제인 듯 하온데
도화야 개나리는 어느 결에 피었는고
오기가 어려웁더니 갈 줄 몰라 하누나.

몸빼차림 시골아씨 호미 잡은 고운 손
종달새 노래하는 보리밭골 쫒는구나.
흙냄새가 향수 내라서 싫어할 줄 모르리까.

한 날이 밝아오면 가슴에는 꿈이 가득
하루가 저물면 그 꿈 여물기도 하지만
대처의 새 문명바람 뉘라서 마다하리까.

그렇다 하여 사람마다 떠나면
가난하여도 포근한 고향의 봄
뉘라서 넉넉히 지켜 맞이하리이까.

1971. 04.

망향(望鄕)

봄바람 불어드니
고향 땅이 그리웁다.
그리워서 가자하니
백리 길도 멀구나.

고향집 우물가에도
봄꽃향기 날리겠지
진달래꽃 피어나고
꿀벌도 날으려니
보리밭, 봄나물 향기가
간절히 나를 부르는 듯하다.

간 밤 꿈결에서
고향소식 전갈 받아
꿈같은 지난 시절
더욱 아련한데
갈 테면 지금도
못 갈 리 없건마는
생활이 발목 잡으니
길조차 멀어진다.

1971. 04.

한마음

내가 가는 길에
세월이 오고
세월이 가는 길을
나도 간다.

내가 웃는 뜰에
꽃이 피고
꽃이 피는 뜰에서
내가 웃는다.

내가 슬퍼하는 동산에
새가 울고
새가 우는 동산에서
내가 슬퍼한다.

그러하다.
나의 길과 뜰과 동산은
꽃과 나 그리고 새
한마음으로 울고 웃으며
더불어 산다.

그러는 동안
세월이 기고
그러는 동안
인생도 저물게다.

1971. 04.

밤 비

(I)

슬퍼라.
슬퍼라.
뼈저리게 그리던
우리 님은 어디 계시오.

처마에 창가에
흐르는 눈물
가신 님 서러워
추녀서리에 깨어지는다.

애닯다.
애닯다.
가슴에 사모친
우리 님은 어디 계시오.

가슴에도 심장에
끓는 핏방울이
이슬이 되어 내린다.

가신 님
하 그리워
슬그머니 비에 젖는다.

(II)

막 흐느껴 우는구나.
옛일을 못 잊어

그친 설움 돋느냐.
말다가 오게

골목길 외등가엔
희뿌연 비안개
모시옷 널림과도 같구나.
새하얀 - .

라일락 가지에도 끝잎에
방울방울 맺힌 설움으로
지리하게 밤비가 온다.

숨소리 끊어가며
막 흐느껴 온다.

1971. 06.

가난한 마음

온갖 설움에
내 울지라도
마음 가난한 탓으로는
울지 않으리.

다정한 벗처럼 궁색이 오고
찌들린 가슴에 찬 달이 비쳐도
마음 가난한 탓으로는
울지 않으리.

나는 새 각오의 주먹 움켜쥐고
신토 광야로 나아가
슬픔의 씨를 심고
고통의 거름을 넣고
눈물의 물을 주어
행복의 열매를 따거든
마음이 가난한 자들에게
수시로 때때로 나누어주리라.

지극히 마음 가난한
그들을 위해 나를 태우고
넉넉한 마음과
호흡이 뜨거운 싱싱한 가슴으로
언제나 한결 같이 웃음으로 살리라.

1971. 05.

가을비

가물던 끝에
정녕, 빗님이 오신다.
구슬이 떨어지듯
대굴대굴 구르던
가랑비가
이제는 보슬거린다.

고추잠자리 한 마리
문득 날아와 맴돌며
낮아진 가을하늘을
어정거린다.
바라만 보던 나는
그만 어지러워진다.

목마르던 끝에
정녕, 빗님이 오신다.
잠자리 맴도는 하늘의
동심원을 꿰뚫고
진주알 내려오듯
반짝거리며 영롱하게
보슬보슬 보슬비
가을비가 손님처럼 오신다.

1971. 09.

영분(塋墳)

인세가 좋다 하고
인간으로 오셨다
해올 일 태산만큼
남겨 두고서
이렇다 할 보람 없이
홀로 여기 누우신고요.

당신 그리운 자태
찾아도 없건마는
이제 한 마리 운학(雲鶴)이
막 깃을 접어들기에
혹 당신의 그 흰 -
혼인가도 여기오.

애닯음을 거두지 못한 채로
먼눈을 드니
웬걸,
양지바른 산의 기슭마다
벌써 숱한 사람들
당신처럼 누웠군요.

1971. 12.

산과 강

산은 높이 솟아서
산이라 했고
강은 구비 길어서
강이라 했는가.

글쎄,
그 솟고 길음이 얼마이어
우정은 산아래 메이고
사랑은 강어귀에서 끊이는고.

부디,
우리 우정의 탑은
하늘 높이 솟고
내 사랑의 흐름은
바다까지 이어져라.

그 아니면
산도 강도 없는 땅에서
우리 친하여 보자.
끝도 시작도 모르게
우리 사랑하여 보자.

1972. 02.

꿈(夢)

하룻밤에도
머언 삼천리
긴긴 여로를
꿈속에 간다.

한 치의 눈을 감고 보면
육십 평생 긴 삶도
삽시에 산다.

지독한 지옥 지나고
아슬한 연옥 피하고
화려한 천국 환대하여
그 꽃섶에만 들고
그리고 세세에 사철을 산다.

그러나
한 치의 눈을 뜨고 보면
팔자에 없는 허황
온 몸엔 땀이 배었다.

하룻밤에도 머언 삼천리
긴긴 인생길을
꿈으로 산다.

1972. 03.

쑥 떡

뜰 안에 봄이 가득
쟁반엔
쑥떡 향기 감미롭구나.

집앞 논둑에서
대광주리 추렁추렁
쑥 뜯던 선이가
줄행랑을 떠나
이젠 쑥떡 향기도
옛답지 못하여라.

지금은 시집살이 한다는
철없이 가버린
수양매 선이가 보고프다.

1972. 04.

휴전선에서

장미도 한 송이
피지를 않고
국화도 한 포기
돋지 않는 땅
무엇을 지키려
철책선 가시가 돋았나.

까마귀떼
철없이 나는
시절이 없는 땅,
서로 잊은 얼굴이 되라고
험한 독의 가시를 피웠나.

서러운 이십년
강산도 변하여
길조가 무서워
가지 않을 땅
계절풍만 새도록
낯선 향기를 전하여 온다.

1972. 05.

경부고속도로

항상 - 저 만치 먼
소실점을 향하여
뒤로는 구비 구비
광막한 대지를 두고
새로 다를까
앞으로 앞으로만
달음질해 간다.

어둠 속을 힘차게
우뚝 솟은 산등성인
장승처럼 의젓한
내 조국의 뼈

오천년 종사 위에
새 기운 어린 대동맥
새마을로 뻗어난
조국의 큰길

오!
겨레의 심장으로 드는
건강한 큰 핏줄이 되라.

1972. 06.

어느 가을날

낡은 버스가
희뿌연 먼지를 두고
달아난 땅의 끝편에
붉게 타오르는 것은
가을 하늘!

좌우로 그리고 먼 -
지평선 끝까지 번쳐
이삭 익은 노오란 벌판은
지난 여름
농부의 그을린 얼굴빛.

원점으로 돌아가는 세월에
계절이 오고
계절이 흐른 길에 온 가을을
진무하는 나의 가슴속은
흐뭇한 보람보다는
이미 모든 것이 타버린 재투성이.

이내 해가 저물어
어둠이 다가온 침묵의 거리엔
희미한 추억 같은 등잔불만 깜빡이고
겨우 남은 노을 몇 조각은
농부의 땀방울을 방울방울 삼킨다.

1972. 10.

향수(鄕愁)

고향을 떠나 수학하는 몸이기로
향수가 웬 말인가.

물방아 없어도 개울은 흐르고
해마다 이맘때면 낙엽도 길섶으로
뚝-뚝 떨어져 앉고
내 떠나 있어도
고향은 항상 넉넉하렸다.

이런 저런 생각에 마음속 깊은 곳으로
향수는 하염없이 무게져 내린다.
외길로 돌아가는
외딴초가에
박꽃도 무르익어 제비 떠날 테고
드높은 가을 하늘엔
우윳빛 솜구름이 호젓하게 피는
고향을 못 잊는 병이란 말인가.
향수는 ---

하늘이 끝닿인
머언 땅
고향은 그 새라도
그대로일까.

1972. 10.

빈 하늘

한 더미 잿빛구름
바람결에 쫓겨나고

새떼들 몇몇 무리는
구름 따라 날아서 가고

세상엔 날 사랑하고
반길 이 누구도 없어

다만,
빈 하늘하고만
오래 외로울 뿐이다.

1973. 02.

봄(春)

흙바람이 불고
넝마와 티끌이 함께 날으고
세상의 온갖 슬픔 털어
소쩍새가 운다.

보슬비 보드랍게 스친 언덕에
소옥소옥 새 풀이 돋아나고
울 아랜
촉이 상기로운
개나리 노오란 꽃잎이 곱다.

마파람 까치소린
반가운 님 소식이라니
햇살 기웃대는 담 너머의
머언 발자욱 소리는
행여 그리운 님 오시는가.

1973. 03.

수양버들(1)

치렁치렁 호발삼단
반공에 찬란히
옥발인가 금발인가.
난 모르오.

허공 중에 흘러내린
만수운환
빗질도 감음도 아니한 터럭
차가운 바람만이 그 얼굴을 스쳐갑니다.

주여,
지금 비를 내리소서.
그리고 저 호발을 감기우소서.

그제는
끊임없는 사람들의
부럽고 바램 찬 눈맞춤을
즐겨 받으리다.

깨끗하고 고운 정열로
그들을 위한
진실로 사랑의 정자가 되리니.

1973. 05.

탑(塔)

깊은 산골짜기론 끝없는 하늘이 흐르고
그 하늘을 향해 우뚝 선
내 스므층대의 탑.
도통 세월을 모르는 존재자였소.

그것은 분명 내 소유물
가끔은 비바람에 깎인 탑.
거기엔 작은 동산이 있고
깊이를 모르는 해구와
원시의 밀림도 있소.

새날부터 태양이 북회귀하여
남북이 바뀌어도
난, 반항 없이
자연의 섭리를 받아들이오.

이제껏 모르던 태양을
결코 한 번도 필요치 않은
빛과 열기를
아무런 불편도 없이 곱게 받아들이오.

도통 세월을 모르는 존재자
내 스므층대의 탑.
깊은 산골짜기를 끝없이 흐르는 하늘이
스므층대의 탑을 세웠소.
넓은 공간 밖으로

1973. 05.

여름밤

버얼건 비단노을 불타는 저녁거리
초승달 엷은 자욱 어렴풋 남은
어두움 내린 하늘엔 박쥐만이 날은다.

새로 난 포도위에 계절이 익고
기분 좋은 마을사람 산책을 가고
텅 - 빈 마을 안에 혼자서 외롭다.

내일도 다시 올까 남국의 열기
무더운 이 밤이 아니 역한 까닭은
아직 못다 헤이고 남은 별때문.

이슥한 밤거리에 분다운 인기척
산책 간 마을사람 돌아오는가.
바람만바람만, 여름밤의 열기 끝도 갓도 없다.

1973. 07.

달을 보다가

이슬에 깨어진
세월과도 같은
역사와 시간을
잘 익혀 담은
술잔과도 같은

바람에 사뿐대는
구름속의
아! 달,

더는 말 못하고
잠든 새벽
깜짝 깨어 하늘을 보니

구름조차 없고
길게 그어 간 자취
180°의 반원만
먼동에 탄다.

어쩔꺼나
끝내 밤 세울 것을
이리도 속절없을 줄이야.

1973. 07.

산사(山寺)에서

I

비 그친 심산에
산빛 더 푸르고녀
봉우리에 나는 구름
마음의 날개.

산사 고요
인간 적적
속세를 벗어났다.

계곡에 흐르는 물
오뇌를 씻어 가고
깊은 밤
염불 목탁소리에
번뇌도 날리누나.

온갖 벌레소리는
자연의 풍악
초토 향내가 더욱 짙어라.

II

고개를 넘어
호젓한 고개
상봉에 너럭바위
천년의지 굳혀 있다.

풀섶 돌트머리에
숨어보는 다람쥐
행여 들킬 새라
알막 - 달막.

고양이 울음소린
두려움을 더하고
사원의 쇠북소리는
시름을 잊게 한다.

잎새에서 우는
작은 새여
어차피 삶은 미완성작
저무는 시각이 애닯다ㄲ
그리 서러워 말지라.

III

새벽부터 내리는 비
나뭇잎에 방울방울
하늘의 짙은 구름
바다의 파도로다.

운무 설피는
비 그친 산사에서
참다가 견디다가
고향집 생각하니

진옥빛 파아란 하늘에
흰구름만 점점이
산사는 외로워
외톨이처럼.

싱그러운 바람소리
계절이 가는 소리
그리고 산사로 오는 듯한
그리운 발자욱 소리.

Ⅳ

구름보다 더 높은
제트 비행구름
그것은 우리의 삶
이상 높은 나의 인생.

수풀로 길이 막힌
외로운 산사
올 이도 없건마는
누구 행여 나를 찾을까.

시원섭섭 계절의 흐름
그윽한 향내 실어가는
바람결 같이
머리를 부비며
지나치는 청녀승
깎은 옛 호발이
그리운 때문인가.

알다가도 모를 건
약년 여승의 마음
타고난 백팔번뇌
불타 된들 지울까봐
하기야 봉황의 뜻
알 수가 있으랴.

※ 청녀승(青女僧) : 젊은 여승

V

한 겹 뒤에 또 한 겹
한 산 넘어 또 한 산
하늘에는 뭉게구름
원곡한 제공선.

나무는 집 지었다.
온 산야에
별장을 지었다..
깊은 산골에

숲이 가린 길목을 돌아
그 사람 올 듯도 한데
사립도 없는 이 산사로
무슨 일로 길이 막혀
소식조차 돈절인가.

이미 시간은 넘었고
그 길로는
황혼과 어둠이 온다.
차라리 그 사람 꿈의
포로가 되어 버리자.

※ 팔공산 양진암에 기숙하면서

1973. 08.

만나당에서

여기,
한 조각의 빵
이 만나를 위하여
숱한 생명들은
제 본연을 잊었다.

남북의 대화를
과분하게 바라는 사람들
또한 이 만나의 노예로
다시 한 번 원수가 된다.

만나당의 밤은
맘모스의 대향연
무력한 생명체의 혈지가 된다.

모든 것은 있고 없고
그리고 돌아가는 것
우리는
태고의 풍상을 그리워한다.
에덴동산의 영원한 꿈을 그린다.

※ 대구 동성로 만나당 빵집에서

1973. 09.

지는 가을

가을산 그림자가
낙엽에 밟혀
초가 뒤뜰로
사뿐히 내려앉고

저녁산 황혼이
구름 한 장 노을을 비껴
꽃처럼 더 붉어 보인다.

산행에서 오는 길로
돋는 새달도
이 밤엔 샛노랑
새 밤은 황금빛

머언 산 고개를 넘는
스산한 가을 늦바람
낙엽조각 끝에-끝에
흰 눈소식 매어 오나보다.

1973. 10.

추별(秋別)

가을밤.

바람 부는 소리.

낙엽이 지는 소리.

낙엽을 밟는 소리.

쉬, 쉬, 쉬.

느낀즉슨

정든 사람 떠나가는

발자욱 소리.

1973. 10.

秋日大雨(추일대우)

不時之季　意外大雨
彼岸孤處　悲伊痛哭
此雨一点　我體浴沾
緣伊哀心　慰而忘忌

때 아닌 철에 소낙비 웬 말이오.

저 세상 외로운 곳 슬픈 님 우시는가.

이 비 한 방울로 내 몸을 씻어 내어

님 탓으로 슬픈 마음 달래어 볼까.

1973. 11.

첫눈 내리는 날

첫눈이 장하게 내리는 날
"펄펄 눈이 옵니다."
계집아해 대닐곱 깨금 뛰며 노래한다.

눈송이 소복소복 쌓이는 길에서
"하이얀 눈위에 구두발자국"
계집아해 대닐곱 발 맞추어 노래한다.

눈보다 그 노랫소리에
사념이 씻기운다.
술 취한 행인들 걷는 걸음마다
고향생각 한덩이씩 떨어져 쌓인다.

바람이 눈에 섞여
품섶을 스미는데
초췌한 내 모습 남사스러워
흰-눈, 눈꽃으로 단장을 하도다.

1973. 12.

목각들의 묘사

치경 앞에
줄줄이 늘어선
나의 호위병.

요놈 검둥이는 무척 야물지.
저 둘의 키다리는 초병과 같고
어쩌다 제 흥을 못 이기도록
한참 신이 나면
건들건들 춤을 추며
가끔 노래도 하지.

제 주제에 넥타이를 매고
제법 으시대는 고양이 좀 보게
마치 영국신사와도 같지.

동박새 뒤에 있는 놈은
장구도 잘 치네.
글쎄, 그 놈은
삼백일하고도 예순닷새
내내 요란하지.

빠알간 모자를 쓴 뚱보는
파리의 예술가인가.
그 옆에 있는 숙녀 귀걸이 좀 보소.
아마 염라대왕이 준 선물이라지.

맨가의 사슴은
언제나 길쭉한 모가지로
먼 하늘만 보는데
옳지, 그 놈은 깊은 산속의
고향이 그리운가 보지.

글쎄,
이놈들만 내 옆에 있으면
나는 늘 즐겁고 마음까지 든든해.

※ 경대 앞에 진열된 목각인형을 보고서

1974. 01.

나의 시(詩)

누가 날더러
나의 시를 무조탁
----- 운운 -----
말하지 말라.
시는 내 슬픈 적의 고백이노라.

누가 날더러
나의 시를 무기교
----- 운운 -----
말하지 말라.
시는 내 외로울 적의 노래이노라.

누가 날더러
나의 시를 순진무구
----- 운운 -----
말하지 말라.
시는 내 고통과 땀과 눈물이 배었노라.

나의 시는
언제나 영혼의 놀이터
살면서 깨친 느낌으로
일상의 영혼을 붓 가는 대로 그린
꾸밈없는 내 생활의 사생화이노라.

1974. 01.

생(生)과 사(死)

생(生)

뚜우, 뚜우 -
항구로 오는 뱃고동 소리
또 하나의 꿈과 기대를 싣고.

사(死)

괘액, 괘액 -
역으로 가는 기적 소리
또 하나의 이별과 허무를 싣고.

1974. 01.

창(昌)의 사(死)

I

파아란 하늘이
까만 육지를
우산같이 덮었습니다.

주여! 당신은
태양과 구름과 바람을 주셨고
때로는 고맙게도
비와 눈을 주십니다.

밥과 옷과 잠
그 윈 아무것도 모르는
창이 슬픔을 거두고
영원한 피안으로
걸음 걸었습니다.

공무도하가를
불러 줄 이 없는
창의
외로운 넋은 사라지고
시신은 이제부터
한 점 한 점 좀이 들어 갈 것입니다.

II

창아
네 그림자를
돌아 보거라.

그건 까아만 육지에 박힌
청천의 그림자보다도
더 짙은
진실의 그림자일지라.

서러워 말라.
칠흑의 하늘거리는
누구에게나 생소한 길
오히려 먼저 가
앞장 서 나아갈지니.

주여!
당신의 그늘로
고혼을 부르소서.
죄악을 모르던
창은
당신의 참 어린 양이옵니다.

1974. 03.

봄밤 교정에서

등꽃이 설피어서
낮설은 로타리의 밤
가로등도 잠이 들어
맥 빠진 거리
난 잔 들어 마시리
벗의 별을 보며.

솔밥이 꽃 피어서
송홧가루 날리는 날
홀연히 떠나버린
어린 날의 벗이여.

TIME = kC^2
이 처럼 세월은 흘러
금년에 모처럼
윤사월 있다하니
오라 벗이여
한 잔술 부어 놓고
윤사월 노래하자.

등꽃이 설피어서
낮설은 로타리의 밤
가로등도 잠이 들어
맥 빠진 거리
난 잔 들어 마시리
낮선 밤을 사귀고저.

1974. 04.

5월 나그네

오월 실바람에 날리는 모랫구름
망령의 옷고름 잡고 구(邱)의 하늘로
높아만 가는 성당의 종각.

로타리 분수를 타고 오르는
파아란 종소리 받으며
어디 어디로 가야만 하는가.
오월 나그네의 두 발길.

하늘이 높고 땅이 넓은
이유와 진리를 갈구하다
못내는 사라져간 혼들이
팔공산 매매이
그리움을 안아 싼
빗발에 갓씻기운 봄의 성을 맴돈다.

생명의 집이 숱한 구(邱)는 복된 성
영원히 가버리는 시간의 바퀴와
오월의 숲으로 채워질 구(邱)의 태초는
애시당초 오로라의 산물이었다.

※ : 구(邱) = 대구(大邱)

1974. 05.

동촌(東村) 유원지에서

그날 분별없이 흥분했던 것은
동지섣달 찬바람보다
더 겁먹게 하는
윤사월 흙바람이 막무가내 불어서 일까.

한 잔 술에 슬픔을 토하고
음치의 소야곡을 큰 소리로 외쳤던 것은
마주 앉아 방긋 웃어 줄 계집이 없었던 탓일까.

구름다리 보다는 케이블카가 더 빨라서
동전 네 푼의 상대적 가치 때문에
결국 허전하고 말았을까.

뜨거운 뙤약볕 발치에서
별로 못난 두 사내가 하는 보트놀이가 어색해서
팔공산 봉우리가 하나였다 둘이었다
그처럼 갸우뚱 거렸을까.

그때 막걸리 서너 잔에 담배를 피우던
낯선 아가씨를 비웃은 나는 또
남의 비웃음거리가 되지 않았는지

물속의 숱한 그림자들 가운데
유독 밝게 드러난 우리
타인의 열띤 조소 속에서도
우리들의 자존심을 우기던
어느 술집 아가씨와의 어설픈 이야기들.

1974. 05.

무 제(1)

버들강변에
놋날같이 쏟아지는
이 장대비를
모두 당신에게 드리겠습니다.

운무를 헤치며
푸른 산빛을 깨치는
산까치 울음소리도
또한 당신에게 드리겠습니다.

비에 젖은 육신과
성그렇게 식어 차가운
가슴속의 숱한 사연까지도
나는 당신에게 드리겠습니다.

당신은 그냥 받으소서.
사양을 말으시고
나의 이 안타까움을
송두리째 받으소서.

아! 억수 같은 이 비와 함께
뒤범벅되어
미치고 싶은 마음이여.
끝내 너와 더불어 병들고 싶구나.

1974. 07.

석별(惜別)

반쯤 기운 석양을
해바라기만이 바라는 차창에 기대어
후일의 만남을 위하여
그를 떠나보내는 전송입니다마는
지금 나는 한없이 울고 싶은 심정입니다.

아니
영 떠나보내는 것은 아니지만
강이 흐르는 산을 돌면서
떨어질 듯한 이별의 정 때문에
난 시방 무한히 흐느끼고 싶은 심정입니다.

내가 준
사연 깊은 맥고자로
파아란 머리를 가리우고
마침내 충혈된 그의 두 눈을 보는 까닭에
난 금방 큰 소리로 울고 싶은 심정입니다.

두 길의 경부선로를
윽박지르며 달리는
차창밖엔
아직도 학우들과 다른 벗들
그리고 형의 손 흔들림이 보이는 듯합니다.

내 마음과는 달리
그의 모습은

힘찬 기품을 지닌
장한 군인이 되리라 했고
난 연거푸 그를 돌아다봅니다.

1974. 07.

거리에서

한 동이의 피를
토한 것처럼
지쳐서 빠알간 내 눈엔
하늘조차도 붉다.

시계의 바늘들은
점점 생명을 앗아가고
나는 또
궁색한 변명을 생각한다.

트럭이 쏜살같이
승용차가 잽싸게
내 그림자를 밟고
치우고 달아난다.

열서너살의
밉상스런 소녀가
연방 나를 걷어 본다.
신천이 나를 올려다본다.

차라리
무엇을 모르고 흐르는
강물처럼
그냥 흐르고만 싶다.

1974. 08.

가을의 소묘

이제
여름은 죽었다.
태양은 반쯤 썩은 시체
열기는 점차 노쇠해 가고

파에톤의 천마가 실수로
지구를 태운 여름이
지난한 고독에서 몸부림하는
나를 태우고
끝내는 혼란스럽게 했던

그러나 지금은
여인의 입술처럼 고운
석류를 보람같이 따는
생혈보다 더 붉은
노을이 타는 가을

애시당초 여름을 월장하여
가을이 왔다면
헬리오스의 정이
내 그립다 할지리도
야무진 망각으로
고독을 석류알처럼 따 모을 것을.

1974. 09.

물거울

물거울 속에
또 하나의 하늘

사르르 퍼지는
솜구름 속에
꺼져가는 해불꽃
번져나는 무지개

지난 먼 날, 같은 길에
온갖 색채를 뿌리며
불타던 태양이
오늘 아침 나의 길에 있어라.

숱한 열정이 흐르는 길에
선물처럼 놓여진
조그마한 물거울 하나
물거울 속엔 하늘 한 조각
땅위엔 뜨거운 마음 한 덩이
그리고 공중엔 후조 한 마리

오늘은 고차원의 삼각관계
삼태성 사랑이어라.

1974. 10.

저무는 가을

오늘 아침 나는 보았지.
건너산 능선의
색다른 무덤 하나를

또한 나는 보았지.
맨 나중에 떨어지는
소털색 낙엽 하나를

마른 풀밭의 깔벼들과
나란히 무덤 속으로 드러누울
가을의 시체여.

올 해도 지난해처럼
부지런히 파야하는
내 삶의 구덩이에
채워질 시간의 주검들이여.

저무는 가을의
마지막 장식이 되는가.
보람인가. 허무인가.
일 수가 없다.

1974. 10.

만시(晩時)의 행장(行狀)

서쪽 하늘의 깃털구름은
햇살을 감싸고
해는 그 구름 위에 얹혔다.

검시런 하늘의 둥근 해는
곧, 장한 아들 노을을 낳을지니
이제 그는
시체로 운상 되어도 좋겠다.

먼 산에서 부는 눈바람에
가루처럼 뽀오얗게
칠순노인의 대자수염이 얼겠다.

어쩌면 다시는 못 올
오늘 김천에의
마지막 행장을 아쉬워하며
불그레한 석양을
눈으로 그림처럼 씹는다.

어린아이 볼처럼
연하여 상기 되는
시집갈 누나의 얼굴을 보고
예전 엄마의 정을 그리워한다.

이것이 삶의 행로라면
오늘 만시의 행장을
굳이 또
슬퍼해서 어찌할 것인가.

1974. 12.

시인(詩人)의 마음

하이얀 눈발 양지녘
구들돌 반석위에
까아만 들부추씨
다수로 흩어져 있네.

누르 시든 대공이
종내기를 낳았네.
까아만 들부추씨
오는 봄엔 이 자리에
더 많은 움이 돋아 날 테지.

밀알의 교훈을
저도 아는지.
죽음으로서
새 생명을 백설처럼 낳았네.

나는 보았네.
희생하는 생명의 신비를
나는 깨쳤네.
돌판 위의 씨앗 같은
시인의 마음을

※ 못실 산책길에서

1974. 12.

누님 결혼식에 부쳐

(I)

지금
또한 예전처럼
차가운 겨울바람이 불어옵니다.
가지 앙상한 버들길을 지나
연못에서 말을 치고
도랑에서 물고기 잡던
우리의 어린 시절이 못내 그리워
추억의 계절풍은 불어옵니다.

봄엔 나물을 캐고 진달래를 먹었으며
여름엔 원두막에 오르고 쇠풀을 먹이고
가을엔 오곡백과 걷어 들이고 메뚜기 잡고
겨울에 겨울엔 연 날리고 달맞이불 놓고
눈사람 만들며 썰매타고 얼음 지치던
우리의 어린 시절이 못내 그리워
날라리 계절풍은 불어옵니다.

날마다 앞논들로 날아오는 비둘기떼처럼
밤마다 하늘에서 내려오는 진주색 별빛처럼
오색영롱한 꿈은 피어났으니
그 귀한 꿈을 ---
차마 이슬인들 범하리오.
그 꿈은 우리의 해맑은 행복입니다.

그러던 어느 한 날
눈보라 혹한이 샛바람에 지고
봄도 한창 여물어 저물던 때
어머니 떠나신 슬픔이 천지에 가득
그래도 아픔을 참고
우린 자리를 지켰습니다.

(II)

이제는
낙목한천에 홀로 핀 꽃
오상고절(傲霜孤節)을 지켜
후조의 외로움도 살피는
한 떨기 들국화여!
나의 누이여!

빙점의 화목 - 이월화보다
꿈이 굳은
향기 없는 모란이 아닌
가시 독한 장미가 아닌
무서리의 아픔도 참아 핀
태초의 뜻을 잇는 에덴의 후예

고통의 땅과 아픔의 반석 위에 지은
찬란한 당신의 성문은
지금 열리고 있습니다.
만인과 화촉이 당신을 찬양합니다.

우렁찬 박수와
경쾌한 웨딩마치
그것은 천상의 서곡
이제 복된 낙원의 대문은 열렸습니다.

(III)

주여!
이 땅에 계절이 왔습니다.
당신의 밭에 씨를 넣으십시오.
그리고 연하여 산들바람과 함께
비와 태양을 내리소서.

쉬지 않고 우리는
김을 매고 가꾸어
가을에 추수를 할 것이며
긴 겨울동안은
당신에게 감사를 드리겠습니다.

가자가자 연못으로
어린 날의 추억을 찾아서
가자가자 동산으로
꿈을 가꾸고 행복을 나누려

이후로도 예전같이
비가 오고 바람이 불고
그침 없이 태양은 빛날 것이니
대지의 온 과원엔 행복이 주렁주렁
그때 그대들은 따 모으십시오.
해마다 내려지는 주님의 선물을

1974. 12.

파 도

너는 아는가.
수맥들의 끝없는
행진의 이유.

구비를 넘어서
또 넘어 오는 구비구비
아흔아홉 물-구비.

포효하는 흰 이빨
그것은
포말처럼 이는
사념을 삼키는 아우성.

날마다 깨어지고
밤마다 멍드는
나의 몸부림인 줄을
너는 아는가.

1974. 12.

성묫길에서

머언 산 눈바람에
해가 지는데
물감처럼 번지는 노을은
가슴 한 구석에 마른
시심을 진무한다.

어머니 산소에 앉아
산 너머 구비는 길 끝을
바라다보며
앞전에 시집 간
누나를 생각한다.

나란 가색의 노을은
나의 지난 날
추억의 시
문득, 오래 묵은
기억이 떠오른다.

1975. 01.

눈길산책에서

바람 불지 않는 지금
온 천지에
고요히 눈꽃이 핀다.

뽀드득 뽀드득
눈길 걸으며
첫걸음을 생각해 본다.

기억 없는
나의 첫걸음마

그리고
월인 암스트롱의 첫걸음까지

나무란 나무들마다
큰 가지에
무겁도록 눈더미 쌓인다.

사르르 사르르
따스한 입김 불어 녹이며
첫뜻을 생각해 본다.

기억 초롱한
각오와 다짐들

그리고
앞으로도 반복해야 할 결심들까지

골목길에서 큰길에 이르도록
길마다
소복이 눈 쌓인다.

데굴데굴
눈사람 골목 가득 세워 두고서
가슴 찌릿한 첫 경험을 생각해 본다.

추억 가득한
만남과 이별들

그리고
훗날의 만남과 이별들까지도

1975. 01.

침 묵

내 묵시록의
침묵을 깨고 드는
금제어들

그건
오해의 씨앗

가장 중요한 것은
변명이 아닌,

끊임없이 흐르는
강물처럼
삶의 길 위를
틈없이 걸어 온
내 마음의 갈피

생각이
밖에서
안으로 흘러
흘러 들어서
재이고 쌓인
달변의 언어들

그것은
황금의 침묵

1975. 08.

나무

나무는 해마다
젊게 늙어 간다.

올해 가을도
나무는 나목으로
이전처럼
겨울잠 채비를 한다.

해마다 몰아치는
북서계절풍이
그의 맨몸을
날카롭게 진무하고
씨날 같은 눈바람이
기스를 피부을 때도
나무는 항상
유혹을 몰랐다.

애시당초
스노비즘은 모르고
참고 부지런히
적응하는 자세로
거웅의 자연은 향해
나무는 언제나 젊게
젊게 늙어 간다.

※ 스노비즘(Snobbism)

1975. 09.

허무(虛無) 그리고 반전(反轉)

일체 나의 삶이 덧없음을 알자.
나의 죽음 또한 부질없음을 알자.
잘난 체 하는 가식이 나를
더없이 비참하게 하고
지나친 거만이 나를
구원 밖으로 떨어지게 함인 줄을 알자.

모든 나의 삶이 헛됨을 알자.
나의 죽음 또한 허무함을 알자.
어떤 형용사도 나를
더 이상 아름답게 할 수는 없고
분수없는 자만이 나를
오랜 지옥 속에 머물게 함인 줄을 알자.

죄악도
죄를 책하는 형벌도
못 죽은 생명을 위하여
실험대 위에 얹힌 저 주검처럼
끝날에는 신의 실험물이 될지니
저 주검에 대하여 연민하지 말자.

차마 땅바닥을 구르는 삶이라도
결코 연습이 없는 나의 삶이
뜻 있음을 알자.
개똥밭에 굴러도 이승
겨를 먹고 살아도 이승

이승이 좋다는 말이지
생명이 다 하는 날까지 삶을 사랑하자.

그리고 나서
나의 죽음 또한 보람됨을 알자.
어떤 모함도 나를
더 악하게 할 수는 없고
다만 믿음과 사랑이 나를
신의 축복과 함께
오랜 낙원 속에 머물게 함인 줄을 알자.

※ 의대 의학전시장에서

1976. 05.

그대 - 나, 그리고 타인(他人)들

그대 - 나
그리고 타인들이
불기(不起)의 나락으로 떨어져 가는
타협없는 삼각자리에서지만
나는 너에게 꼭 한 번만
제18번의 화음을 노래하게 하마.

너는
자유로운 심연(心淵) 속의
또 다른 나로서
밤마다 나를 향해 오지만
나는 언제나 깊은 잠을 청해 있다.

타인들은 너를 위하여
늘 환영 준비를 하지만
너에게 있어 그들은
화접(花蝶)의 관계도 아님에야
환영의 의미가 무엇인가.

그대 - 나
그리고 타인들이
어우러질 수 없는
마지막 갈등의 삼각자리에서지만
나는 너에게 꼭 한 번만
제18번의 화음을 노래하게 하마.

1976. 05.

원추리

해 저무는 마지막 때
슬피 노래하는 뻐꾹 소리에
놀라서 피어난
풀섶의 꽃.

뭉게구름 하늘 가린
낮동안도
포문처럼 뚫어진 창공을 바라
갸웃이 핀 가녀린 맵시
들녘의 꽃.

밤비 촉촉이 오는 날
바람에 스치는
화장품 짙은 향기로
내 코는 농해 있고

하여,
향기를 모르는
평소 관심 밖의 꽃
산골의 원추리
오늘
내 가슴 품에서 아름답다.

1976. 06.

비(雨)

초승에 오는 비
초하룻날 내리는 비
가신님의 혼백이 운다.

가신 님 쉬어 넘던
서낭당 고갯마루
청미래 익어 붉은 아래
청석 바윗돌에
촉촉이 흘러오는
눈물 자욱 자욱.

수놓아 접어주신
모시수건 아니어도
하이얀 손수건
눈물 받아 썩게 할까
님의 눈물 눈물.

가물에 시든 마음
한발에 타는 가슴
소쩍새 소쩍 소쩍
한 더미 구름 모아
온 산천 눈물바다.

초승에 오는 비
초하룻날 내리는 비
가신님의 혼백이 운다.

1976. 06.

가 을

친구여 !
이 가을에
하늘을 보자.

철책 가시덤불에
찢겨진 구름조각이
공중에 걸리었다.

산모퉁이로 달아난
상여 행렬같은
열차 꼬리에 매달린
고향노래.

학훈병이 불러 주는
그리운 망향가도
총검 앞에 쓰러져 눕는다.

가을의 기세는
여름의 모든 젊음을
낙엽 지운다.

1976. 10.

영시의 밤

자명종이 우는
영시의 밤

과거와 미래의 영점에서
현재가 불탄다.

수다쟁이 아이들이
늦도록 놀다 간 빈터도
죽음같이 고요한 지금

어제도 오늘도 아닌
점같은 우수리의 시각

이 짧은 사이에
나는 못 다한
사랑의 이야기를 해야만 한다.

그러나
내 고백을 들을 귀들은
이미 깊은 잠에 빠져 있다.

그래도 나는 계속해야만 한다.
병든 사랑의 이야기
영점의 우수리 시각까지도

1976. 10.

고독한 날

기쁜 일도 아닌 것에
슬픈 일도 아닌 것에
까닭 몰래 우는 아이
얼굴에 떨어지는 눈물같이

몹시도 고독한 날
흐르는 눈물의 의미는
망령노인의 넋두리가 아닌
고집불통 아이의 생트집도 아닌

마음 한구석의
풀 수 없는 응어리
강물처럼 흘리흘리
가슴은 통째로 바다가 된다.

몹시도 고독한 날
내가 울고 있다.
가슴 풀어 헤치고
내가 울고 있다.

1976. 11.

나

무수한 존재 속의
나.

생각 속에 흩어진
나.

나의 감성은
땡기어서 날카로운
G선의 운율.

나의 이성은
텁텁한 막걸리 타입의
남저음 가락.

1976. 11.

재기(再起)

나의 온갖
고뇌와 번민을
한 번에 삶아 낼
큰 가마를
친구여!
생일날엔
꼭 선물로 보내주오.

나의 온갖
좌절과 패망을
한 번에 녹여 낼
큰 용광로를
모녀(某女)여!
시집오는 날엔
꼭 세간으로 가져 오오.

세상의 온갖
오뇌와 절망을
한 오지랖에 싸안은 듯
쓰러져 일어 못날
내 아픈 가슴아.

이제는 구원의 세월로 돌아와
현대의 평화와 안식을 지키는
메시아로
계절마다 날밤마다
재림의 기독이 되어라.

1977. 02.

짝사랑

너의 향기를 싣고
밤에 내리는 비는
더욱 좋다.

밤마다
칠흑의 공간을 타고 오는
아리따운 네 환영(幻影)에
깊은 열정을 바친다.

불도 없이 타고 남은
기름이 된 영혼은
다시 낮 동안
새로운 영혼의 장작을 팬다.

낮은 언제나 우리에게
거리를 주지만
밤에 너와 나는
하나의 영혼이 된다.

그러나 오늘밤도 나는
익지 못한 생화분으로
빗발에 스치운 너의 향기를 따라
우리의 밤을 안고 돈다.

너의 향기를 싣고
밤에 내리는 비는
더욱 좋다.

1977. 03. 19.

이십사세의 고독

오뉴월 보릿고개 넘자고
꿔다 놓은 보릿자루의
까락에 발 찔리던
조선의 지독한 가난이 가고

일제의 조총 끝에
몸뻬차림 가녀린 허리
무참히 찔리던
대한제국의 엄청난 고통도 가고

남은 것은
근대화의 피땀과
이십사세의 고독

모두가
흙을 파먹기 시작한
젊은 청년의 짐이다.

1977. 06.

어느 하오(下午)의 소요(素要)

(Ⅰ)
고향에서
떡버들 그늘에 누워
학창시절
마지막 여름방학을
쉽게 보내며
뭉게구름 피는
하지만 식어서
비도 오지 않는
북녘 하늘을 본다.

오가는 농부들에게
지금 소원을 물었더니
비 오는 것이라며
"망할 놈의 하늘" 이라고 했다.
농민들은 그렇게 입을 모은다.

서울의 물난리
시골의 가뭄
더욱이 고향의 백태
이건 참으로 엉성한 조화다.

옆자리에선
원동기가 총총
샘물을 깃는데
신의 노여움을 탓하기엔
우리의 준비가 너무나 졸약했다.

(II)
이제 상오 열시의
해발치에 이른 내 연륜은
아흔아홉의
절망과 근심과 불행과
하나의
희망과 만족과 행복에
표적을 정하고
유비무환의 적당한 가치를 느낀다.

그날 밤
꽤나 심각했지만
해결을 못한
그와의
억지스러운 미소처럼
우린 늘 임기웅변가였다.

하지만
나는 언제나
예비를 위한
나름대로의 몸부림을 했었다.

1977. 07.

상식(常識)

상식
기초상식
고등상식
알 것도 많다.

머리통이 터지리만큼
숱한 상식 속에서
가치가 싹 튼다고 한다.

오랜 가뭄 끝에 온
지리한 장마
이건
순전히 못마땅한 노릇이지만
세상은 이런 식으로
균형을 이루는 수가 있는가 보다.

기회는 누구에게나
팽팽한 경쟁 속에서
꿈을 향한 이상과
발등에 얹힌 현실과의
마루 맞은 분수령에서
타협이란 상식이 있는가 보다.

상식을 못다 안
나는
여전히
인생 애동내기인가 보다.

1977. 07.

여름의 갈등

햇살이 짙어서
살타는 계절.

처녀는 물에 비친
제 검은 얼굴을
싫어한다.

나는 물거울에 비친
병자 같은 흰 얼굴을
싫어한다.

처녀는 흰 속살을 자랑삼아
주로 비키니를 좋아 하지만
나는 흰 살갗을 태우려고
수영복을 입는다.

여하튼
처녀와 나는
벌거숭이.

부끄러움을 모르는
본연의 순수에서
우리는 서로의 옳음을 우기는
못난 벌거숭이.

1977. 08.

C에게 바치는 글

차마
가을바람에 동하여
너도 어찌할 수 없는
낙엽이 되려느냐.

여름동안
내 바친 열정이
아직도 풋거름인가.

조각구름이
노을에 타고 있을 때
굳이 메시아가 되고 싶었다.
너를 위한
훌륭한 기독이 되고 싶었다.

그때
강변의 쑥대밭가에서
바친 고백이
계절을 넘고 흐르는 바람처럼
한때의 스침이 된다면
너의 치렁한 모발이 야속하겠지

그래
가을바람에 동하여
너도 어찌할 수 없는
낙엽이 되려느냐.

하면
별들이 총총한 객지의 밤에
굳이 나무꾼이 되어주랴.
너를 위한 얄미운
야수가 되어 주랴.

1977. 09.

G와의 가을이야기

이별뿐인
가을 이야기로
검푸르게 멍울진
한 가슴 모두 베어
지금 추절선물 보내노라.

비록에
청자빛 아니라서
마음 기울지 않을
검푸른 그날 밤
호반의 일이
두고 생각날 게다.

이제는 끝이 난
G와의 가을 이야기
동숙의 노래
편곡한 셈 되었지만
멍진 가슴 속에
남은 가락이 꿈같을까.

이후로도 전같이 세월이 가고
끝내는 서로가
잊혀진 얼굴이 되지만
G와의 가을 이야기는
캠퍼스, 그 하늘 아래
추억의 별이 되어라.

1977. 09.

앞산 공원에서

앞산 턱에서
내려다보는
시가지 대구는
양계장 케이지

그 오막조막한 속에서
아옹다옹 그런 식으로
내 언어는 언제나
자존심을 위한
파아란 피를 흘렸다.

피는
겨우 흐르는 신천수 되고
지하다방 수족관의
생명수도 되지만
대부분 오염된 폐수가 된다.

산위에서 보이는 모두는
작고 의미 없는 것들
이미 내 자존심은 죽어 있다.

1977. 10.

비제(飛題)(1)

역시
한 번은
비가 올만 하다.

까락같은 핏줄 싸인
가슴은 음산할지라도
산너머 고개너머
끝없이 무한히

비 맞은
가을바람이 차서
소매를 내리지만
내린 소매는 젖는다.
더 차게
비에 젖는다.

가라는 가랑비
있으라는 이슬비
오락가락 떳는 방울
이슬이슬 오는 비에
찌들린 영혼이 젖는다.
외로운 혈육이 젖는다.

모든 것이
다 젖어 씻기운다.
씻부신 가슴이다.

상쾌한 기분이다.

역시
한 번은
비가 올만 하다.

※ 떳는 : 떨어지는의 방언

1977. 10.

귀로(歸路)

산들이 검어서
정 주기 무서운
밤빛 짙은 추풍령은
바람도 차다.

살갗을 쪼욱 키스해 간
빗발은
산골마다 고루 눈물지고
마음은
수은등 푸른빛에 젖는다.

머언 여정의
오랜 기념을 위해
바싹이는 낙엽들에
분수없는 추억을 붙인다.

한 새는
쓸쓸한 여정이기도 했다.

1977. 10.

어느 축제에서

주향(酒香)에 취한 팝송따라
그날,
끝가을 밤의
축제는 무르익었다.

홍건히 젖어 흐르는 핏줄이
주홍빛 조명에 설마르고
삼천원짜리 정열빛
붉은 카네이션 한 송이
풀색 아스파라거스 품을 기댄다.

고목탁자 위에
다소곳한 꽃잎이 밤에 젖고
조명이 어두움에 젖고
그와 나의
낯선 소매 끝에 흐르는
한 치의 거리감이 익살에 젖고
이리 젖고 저리 젖고
젖어 - 젖어 범벅이 된다.

그러나 공딩에
달걀귀신 같은
그의 작별인사에
돌아오는 나의 맘은 불쾌
축제의 낯선 파트너질은
고독 같은 고욕이었다.

1977. 11.

지금 소중한 것

철없다.
향촌동 돼지골목
선술집 단골청년

그 청년 목안
피리구멍에서
흐르는 초성
쉰소리
사발 깨어지는 소리
그럴듯한 체면치레

"그래도 옛사람인데
지금 불쌍하다고
이러쿵 저러쿵"

파리 빠진 막걸리잔
꿀꺽하고
고기맛 그렇다는
그런 꼬라지

향촌동 술청년
모른다.
지금 소중한 것은
가고 없다는 것을

1977. 12.

비제(飛題)(2)

비야 올려면 오라지
내사 가는 길은 가야지

국수발 늘어지듯
추적추적 내리는
지루한 겨울비
방울 - 방울 - 빗방울

산집 추녀 끝에
깃털 젖어 나래질 서툰
산새가 울어
갈 길이 멀어 멀다고

돌아보면
온 길도
머디 멀지만
굳이 쫓기듯 온 걸음

역겨운 모우(暮雨)를 피해
찾은 주막엔
술독이 비었다네

여보게
이 비로 술이나 빚을까
비야

술 빚어 두고
익는 날까지
가던 길을 멈추어야지.

※ 모우(暮雨) : 날 저물어 오는 비 1977. 11.

내가 세월을 알 때

환상(幻想)
꿈(夢)
시신(屍身)
그리고 그리고
계집의 살내음 섞인
밤의 허무에서 깨어
내가 세월을 알 때
세월아!
너는 무엇인가
나의 무엇을 아는가.

아스라히 먼 공간에
자죽도 없이 흩어진
빛살 쪼가리
비로소, 내 손놀림하여
너를 애무할 때까지
너는
하나의 유혹같은 몸짓에 불과하지만
내가 세월을 알 때
그젠 돌아와
내 도타운 입술에
꽃다운 웃음이 되지 않는가.

돌풍에 감기어
무너진 성(城)
북동 30°방향의

안개 속을 돌아가는
시계바늘
그 바늘 끝에 걸린
새벽의 평화가 무산된
6·25의 전화(戰話)같은
내 지난 때를
굳이 주검으로
발인(發靷)해야 하는가.
세월아!
너의 유골이다.

주(主)여!
세월을 만드소서.
소잔(消殘)한 과거에서 돌아와
내가 세월을 알 때
당신은
우주의 조각난 빛살을 모아
새 세월을 만드소서.

이제는
당신의 의향대로 입니다.

1977. 12.

귀향전일(歸鄕前日)

이곳의
향기이고 싶다.
그러나
바람이 불게다.

타관의 마지막 밤아
나는,
너의 향기 위를 타오르는
화염이고 싶다.
하여도 바람이 없구나.

댓닢을 스치는 눈바람 두고
떠나올 적 돌아보던
고향산천
아 - 꼭 그 계절에 돌아가는다.

까까머리 어린 모습
육척이나 되어
변한 그 새라도
정은 옛 같다.

이병상모(罹病喪母) 쓰라린 열두 해
얼룩덜룩 자취생활
눈물 젖은 유학생활
이제는 끝밤인가.

지고 안고 끙끙이던
못헤일 개나리봇짐들
문간방 구석방
남루한 지붕아래
입김 식은 사연들
추억인가 감회인가
기억이 새롭다.

이웃들마다
끼친 괴로움
입은 은혜
갚음은 일무하고
남산동 안골목
수성동 뒷골목
연초에 서리든 정
연말에 남기고 떠나는 대구.

오!
너의 품은
팔 벌린 어머니의 품
이제 다시 만나거든
보름에 -
여생평생 꽃을 피우리라.
이곳의 향기가 되리라.

1977. 12.

영양(英陽)에서

가는 길 구비구비
굽은 굽잇길
북녘촌 머나먼 땅
바람 불지 않아
눈비도 없을 듯한
무풍지대 영양

어색하다.
예의 새아씨
수정 같은 연지볼에
이슬처럼 구르는
고추빛 붉은 수줍음

청기와 홍기와
소슬대문 육칸집
늘어선 마을

사람들은
초가위 박꽃 핀 달밤을
그림 그려
액자속에 넣었다.

1977. 12.

눈 오는 밤에

진눈깨비 나리는 마을에서
고요를 헤치며
어둡게 불빛은 새어오고

오리숲 우거진
비탈길 멀린
저문 길을 쫓는
나무꾼 소구루마
발걸음이 조심스럽다.

산책 가는
나와 누이들은
과수원길 모퉁이에 서서
백설공주 이야기
신데렐라 이야기
별없는 밤의
전설을 이야기한다.

곡목 잊은
가락도 노래한다.

1978. 01.

春鄕路(춘향로)

東山旣化紅
春火知勃勃
有心觀照景
滿開杜鵑花

동산이 붉어 있기에
봄불 난 줄 알았도다.
마음 주고 살펴보니
두견화 만발하였구나.

1978. 04.

목로주점(木路酒店)에서

아직 천운을 다 하기에는
여간이 있다하여
너를
목로주점에 머물게 함이 아닌 것을

모래알에 강물 젖어가듯
가는 세월에
버들꽃에 바람 스쳐가듯
가는 시각에

피었다간 지고
다시 핀 나뭇잎
잎새마다
타는 햇살이
목로주점을 나서는 길목마다
걸음을 깝치는데

아직 천운을 다 하기에는
여간이 있다하여
너를
목로주점에 머물게 함은 아닌 것을

1978. 04.

여름밤의 서정

개구리

청개구리

맹꽁이나

엉마구리

그리고 두꺼비

와족(蛙族)이 모여서

벌이는 팡파레

여름밤의 향연은

갈수록 흥이 깊다.

1978. 06.

주일(主日)의 아침

가을안개 자욱이
천지에 가득한 아침

안식일의 기도와
평화로운 음악이 흐르고

깃발이 멋지게 펄럭이는
필승의 연무대

온갖 그리움은
서운히 접어 두고

너와 나
손닿지 않는 거리에
한 동안 이 처럼 떠나 있는다.

오늘,
고향의 아침도 이러 하리라.

1978. 09.

훈련소(訓練所)의 가을

향기 깊은 가을바람에
와사삭
버들잎이 부서진다.

놀란 새들은
깃을 접다간 말고
다시 허공을 난다.

기왕 깨어진 꿈들과
지나 가버린 생활들이
헝클어진 채
잎새의 하늘을
어지럽게 맴도는데
가을하늘은 여전히 호화판이다.

추억화된 과거 앞에
끊임없이 현재가 죽어가고
새롭게 쓰러져 눕는
저녁햇살 아래 선
노마(老馬)의 가슴은 외롭다.

나와 나의 존재가
서로 갈리어 선 땅,
숨 가쁘도록 흥분된
마음 앞에
어느 샌가 가을이 길게 늘어져 있다.

1978. 09.

야생화(野生花)

작은 들꽃은 꽃이 아니오.
풀섶 바위틈에 피고 지는
꽃은
이름도 모르오.

수풀의 음영에서
향기를 뿌린 채
소리 없는 아우성으로
죽어 가지만
추하지가 않소.
그의 향기는

그의 향기는
밝은 미소로서
핏빛 정열일지니
이름을 불러주오.
햇살 아래서

꽃밭에서 동산에서
그대의 입김 떨어지는 추녀 발치에서
가냘프나 미쁜 꽃
꽃을 피울지니
이름을 불러주오.
달빛 아래서

※ 훈련소에서 일상이 그리운 간절한 향수 때문에

1978. 10.

가을의 길목에서(1)

가을의 길목에서
차라리 너는
서름에 겨워 서럽도록
서러움 주는
된내기 묻혀 오는
차가운 바람이려므나.

한 그루 떨어져서
외로이 핀
가을꽃이라도
차라리 멀리서 좋아하자.
다만 그리워할 따름으로

밤동안
가슴팍을 휘어젓고 사라질
어둠속의 그리움이
여명에서 그칠지라도

어린 영혼의 순결을 위해
여린 마음의 순수를 위해
하룻밤새 져버린 단풍으로
내 침상의 커튼을 드리운다.

또 하루
막사의 가을날은 저문다.
사념을 씻도록
차가운 바람도 분다.

1978. 10.

새벽 창가에서

올겨울 내 긴 언어를
단숨에 삼킨 시점.

새벽 세시의 창가에서
소리도 없이 전해지는
당신의 흐느낌을 듣습니다.

기적이 심맥(心脈)을 넘어
주저도 없이
뛰어들고
그리고 밤의 적막은
점차 깨어져 갑니다.

마지막 기대와 열정이
빗발에 식어지고
그대 가슴속의 내 언어는
슬프게도
다만 침묵으로 굳어 갈 뿐입니다.

지금 나는
새벽 세시의 창가에서
소리도 없이 전해지는
다시 없이 슬픈
당신의 흐느낌을 듣습니다.

※ 그대의 슬픈 편지를 뒤늦게 전해 받고서

1978. 11.

11월의 황혼에

11월은 전설의 계절
모든 것을 바꾸어서
우리를 고독하게 하는 달.

끝난 기쁨보다
보낸 아쉬움에
서글픈 마음으로
우린 찬 겨울을 맞는다.

서슬 푸른 젊은 날에도
허전함이 여전한 달.

해마다 이맘때엔
황혼을 안고
이미 전설이 되어버린
우리의 과거를 이야기한다.

동짓달에 우리는
팥죽 먹으며 나이를 헤아리고
동짓달에 우리는
님의 따스한 입김을 그리고
동짓달에 우리는
끝없는 사랑을 노래하고
동짓달에 우리는
못다 쓴 시와 편지를 쓴다.

1978. 11.

마 음

차라리
너의 음영이고 싶다.

깊숙한 가슴 골골마다
너를 향한 메아리로
따스한 입김이고 싶다.

언제나
너의 향기이고 싶다.

아스라이 잊어가는
기억 기억마다
너를 향한 걸음으로
영원한 자취이고 싶다.

그러나
내 마음은
쇼윈도우 안의 마네킹 같은
다리 긴 형상일 뿐
너의 옷자락을 쫓을 수 없다.

1979. 01.

겨울의 가로(街路)에서

앙상한 가지 끝에 마른 잎 대롱대롱
한겨울 눈바람이 사정없이 다그친다.
마소서 한 잎사귄들 여운처럼 남은 걸

가로수 실가지에 하나 붙은 나뭇잎
철없는 아이들이 발길로 차는구나.
멈춰라 한 가닥 남은 미련마저 지우랴.

지금은 삼동겨울 새봄을 기다린다.
새봄엔 아쉬움도 미련도 속절없다.
뉘라서 굳이 새기랴 춘개추락 사연을

1979. 01.

겨울의 깊이

시인들은
겨울을 끝없이 노래한다.
사람들은
눈내림을 그토록 그리워하고

그러나 누구도
겨울의 깊이를 모른다.
바닥은 더욱 알 수도 없고

겨울의
신비가 눈내림이면
깊이는 무엇인가.

겨울이 깊은 까닭은
따스한 입김을 주고
황금의 침묵을 주고
새봄을 기다리는 희망과
옛 임의 체향을 그립게 하는 것 말고도
까아만 긴 밤의 한 가운데
새 생명의 태동을 꿈꾸는
신비스러운 비밀이 있는 탓인가.

여하튼
바닥없는 내 마음에서
끝없이 깊어만 가다
끝나버릴 죽음의 계절
끝도 없이 깊은 겨울을 노래하자.

1979. 01.

귀하(貴下)

다소곳이 고개 숙인
가장 한국적인 여인이여
당신의 미소는 이미 내 마음입니다.

이름은 잊을 게고
얼굴은 기억도 못할 성 싶지만
나는 오래토록 엷게 입술을 적시는
그대의 웃음은 기억할 게요.

무엇인가 열심히 하면서 웃는
당신은
나를 돌아다보지도 않지만
나는 이상하게 미친 사람처럼 마음이 기뻤소.
벌써 그대를 사모한 까닭이지요.

어쩌다 딱 한 번 마주친 눈길인데
그대는
나보다도 먼저 붉어진 얼굴을
숙이고 말았어요.
그것은 이미 내 마음을 안 까닭인가요.

끝내 일없는 마음으로 돌아왔지요만은
그대의 하이얀 미소가
마음의 병이 되어
나는 평화를 잃었습니다.
누구의 죄인가요.

1979. 01.

이별의 길

길은 오솔길
뱃길, 철길, 마음의 길
그리고도 많은 길이 더 있지요마는
지금 내가 걸으면서도
알 수 없는 낯선 길이 하나 있지요.

그 길은
어느 따스하던 봄날
나의 눈물로 씻고
님께서 밟아 가신
이별의 길이지요.

그 길은 본시
우리의 길이 아니었지만
기왕은 님의 길이요
뒷날은 나의 길이지요.

사람마다
슬픈 얼굴로 돌아서 가는
이정표 없는 낯선 길을
행여 다시 올 줄 믿어 봅니다만
저승의 길은 영영 이별의 길이지요.

님께서 밟아 가신 나의 길로
어느 결엔가
사랑이 갔습니다.
미움도 뒤따라 갔습니다.

1979. 01.

나의 행복(幸福)

사랑이 행복이면
사모는 고통이어요.
고통도 님의 뜻이면
알아요 나는
그것이 행복인 줄로만

하지만
사랑의 행복을 알고서는
누가 고통을 좋아하여요.
고통은 눈물인 까닭입니다.

님이시여.
원하여 보내 두고
사모함은 아닙니다.
부디 새롭게 새로이 사랑하여 주셔요.

차거운 겨울이
마음 한 가운데서 무게를 잡은 채
산맥이 되어
나는 길이 막혔습니다.

그러나 눈물도 님의 뜻이면
언제나 기쁜 마음으로
눈물의 못을 팝니다.

끝내는 고통도
나의 행복이 되고 맙니다.

1979. 01.

까닭없는 슬픔

창밖엔 오늘 또
겨울비가 오는데
나는 까닭도 없이
마음이 슬픕니다.

정작 까닭이 없을까요만
억지로 태연히
잊고 있는 게지요.

나만이 아니어요
내 마음속의 님도
그렇다 하여요.

산만한 마음의 계곡
깊숙이 주름진 골골마다
끓어오르는 홍분은
님의 슬픔이 됩니까.

나의 눈엔
벌써 -
눈물이 흐릅니다.

1979. 01.

이별하는 마음

남들은 쉽게도 만나서
곧잘 이별도 하건마는
나의 이별은
온통 고통일 뿐입니다.

차마 이별을 위한
사랑이었을까마는
자꾸만 달아나는 마음을
나도 어찌 할 수가 없네요.

오랏줄로도 못 묶는
이별하는 마음은
이제
나의 의지가 아닙니다.

오! 안타까운 그대여,
차라리 비난하소서.
비난은 오랏줄보다도 좋은
구속입니다.

그래도
체면 없는 마음은
자꾸만 머언 길을
돌아서 가네요.

1979. 02.

황혼(黃昏)에

날마다 다가오는
황혼을
나는 언제나 좋아한다.

황혼은
하루의 종료를 알리는
서운한 웃음이다.

유한한 인생에서
또 한 날이 죽어가고
삶은 한 치 한 치 깊어만 간다.

살아가는 것인지 죽어가는 것인지
구별이 혼돈되어
참으로 남길 것도
남겨야 할 것도 모르는 채로
사랑하고 미워하며
생명의 일상을 태운다.

황혼은
새로운 여명을 위한 미련이지만
내 죽어감은 새 출생을 바라지 않는다.

차마 그것이 공허함인 줄을 아는 까닭에
죽음을 향한
오늘의 삶을 포기하지 않는다.

1979. 03.

목련화(1)

자각과 무자각의 계절에
곰실곰실 젖빛 머금고
임의 입술처럼
여인의 젖무덤처럼
살포시 보드랍게 피어나는
목련화.

먼 하늘을
한 허리에 감아 매고
봄 햇살 받아 이고
찬이슬로 단장을 한 뜨락의
목련화, 네 향기엔
차마 바람도 불지 않는다.

미소 같은 색채
품안 같은 자태
감히 범할 수 없는
머언 거리에서도
감미로움에 눈멀고
청순함에 마음 반한다.

목련화 너의 색채는
옛 임의 웃음이며
너의 향기는
내 마음이로다.

1979. 03.

접동과 나

접동새 접동 접동
옛님 만날동 말동
그렇게 그리워서
그리도 간절히
해마다 봄마다 웁니다그려.

큰 아들 훌쩍 훌쩍
가신 님 뵈올동 말동
십년을 지나도
참지를 못해
봄마다 그 때마다 웁니다그려.

토혈(吐血)하며 운다는 접동은
피기 마르는지
울다간 그치고 다시 울지만
나는 눈물이 마르지 않습니다.
눈물은 샘물인가 봅니다그려.

접동은 피 흘려 꽃잎을 적시고
나는 눈물로 풀잎을 씻으며
해마다 봄마다 다투어 웁니다.
올 봄에도 그 날은 웁니다그려.

접동새 접동 접동
큰 아들 훌쩍 훌쩍
기약 없이 가신 님
만날동 말동.

1979. 04.

대구역(大邱驛)의 봄밤

비슬산 사모하여
품안에 안고
이별한 정 못잊어
팔공산 등에 업고
신역사 교반에 올라
반듯이 다림질한 철길 위로
꾸겨진 마음 실어
남으로 북으로 유람을 보낸다.

눈앞에 풀어 헤친
밤빛 짙은 동성로
사잇길마다 흐르는
불빛을 따라
늦도록 허공을 날던 새벽이
어느 샌가 깃을 접는다.

때마침 달려든 남행열차
맨 끝칸에
밤새 유람으로 지친 마음
다시 태워서
남으로 남으로 봄마중 보낸다.

봄은
여기에도 있지만
아직은 때 일러
정녕 봄빛이 설기만하다.

시골 오동낭게 연 걸리듯
전신주에 반달 걸린
대구역의 봄밤은
굳이 헤어진 옛 임을
그립게 한다.
한없이 그립게 한다.

※ 오동낭게 = 오동나무에

1979. 03.

마음이 외로운 밤에

(I)

씨알이 자잘한 깨 쏟아지는
단 꿈도 없이
혼자서 마음으로 가슴 조이며
지금처럼 오랫동안
사모하고 사랑한 이
그대는 누구인가.

해 넘은 밤마다
저녁에서 아침까지
우는 달빛의
서러운 눈물로 점점이 얼룩진
만만한 마음 없는 베개를 안고
바둥대며 신음하며
부르던 그대의 이름.

한없이 번갈아 무수히 부르다가
언덧 잠들은 밤
그대 이름이 언젠가는
내 부를 이름 아니려니
생각하면 마음이 더욱 외로운 밤
그대는 여전히 나를
사랑하지 않음이라.

(II)

오월의 따스한 오늘밤
파아란 버들가지 곁에서
바람 우는 슬픈 소리
그대 - 듣느뇨.
그것은 바람소리 아니라
애절한 나의 사랑노래라.

나의 애곡(愛曲)은
콘크리트 건물 모서리
벽에서 부서지고
한 길의 차음에도 치이고
그대의 귓전에서도
한갓 불쾌한 소음일 뿐이다.

자정이 다 된 지금
한 예쁜 목소리를 헛듣는다.
간혹 소음에 섞인
높이 없는 가락이라도
또렷이 들리는 그대의 가성(假聲).

오늘밤 외로운 내 마음 속에서는
무어라고 무어라고 속삭이는
바람소리가
더없이 맑고 고운 사랑노래가 된다.
그대 언제 사랑노래 배웠는가.

1979. 05.

사생도(社生圖)

(I)

도시의 하오
설익은 살구빛 서녘 하늘엔
웃는 아이 얼굴같이 동그란
해가 걸려 있다.

거리마다 일 마치고
돌아가는 걸음들이
총총 가볍다.

간판 미학시대의
흔해 빠진 한 간판 아래서
마지막 햇살을 거두어 챙기는
쥐포장수의
사내아이가 부질없이 울고 있다.

그러나 그는
울어야할 까닭이 있다.

(II)

K 아파트 모퉁이를 도는 구석에
덮개없는 시궁창의 습기 속에서
지난 해 가을 낙엽이 썩고 있다.

한 때는 그의 숲에 자주 와서
노래하던 새도
지금은 도무지 날아오질 않는다.
낙엽도 지난 여름엔 좋은 녹음이었지.

굳이 애써 기억해 주지 않는 사람들
저마다 바쁜 까닭에
이웃을 동정할 겨를이 없다.

해가 저무는데
갈 곳도 없는 걸인이 자꾸만 길을 간다.
그는 어디론가 가야할 까닭이 있다.

(Ⅲ)

아카데미 맞은 편 돼지골목
사잇길 술집에서 흐르는
계집의 웃음소리 술 취해서 어색하다.

사내들의 고독한 마음이 익어서인지
홀은 언제나 만원이고
늘 찾는 단골손님
그들의 속셈은 가을 콩밭에 있다.

술집 골목은 늘 부산하다.
삼삼오오 패거리
촌동네 잔칫집 골목 같다.

도시사람들 잔칫날 따로 없다.
그들은 날마다 잔치한다.
헛잔치한다.

(IV)

내무반 서편 옛 공터엔
아침부터 저녁까지
망치소리 또닥또닥
톱질소리 슬그렁 슬그렁
집을 짓는데
큰 아파트를 짓는다.

날일근성 - 돈내기근성.
일꾼들이 땀 흘린다.

십장의 독촉성은 갈증이 난다.
쉬어빠진 뚝배기 목소리가
십원짜리 섞어가며 혈안이 된다.

텁텁한 탁배기 한 사발에
팔팔 살은 김치 한 젓갈이
제 맛이다.

(V)

시절의 여왕
시민운동장의 오월은
축제의 연일이다.

겨울동안 앙상하던 나무들
무성해 지면서
화단이 손질되고
뜸하던 시민의 잦은 발길로
열기 넘치는 큰 뜨락이 되었다.

뛰고 달리고 던지는 자의
숱한 집념이
승리를 향해
조수처럼 밀려든다.

격려의 박수
보람의 눈물
마침내 하나가 된다.
구경꾼과 선수들
한 봄의 열기에 풋풋한 마음이 익는다.

(VI)

오늘도 창가에 기대어 서서
서산을 적시는 황혼을 보는데
옛 임의 화신인가.

황금빛 드레스를 입고
온갖 꽃들을 한 아름 안고
입가에는 미소까지 머금고
타작마당 밀알 같은 여인이 왔다.

사뿐사뿐 바로 창 아래까지 와서
딱 한 번 서녘을 걷어 보고는
말없이 조용히 돌아가 버렸다.

그 때는
이미,
황혼은 없었다.

1979. 05.

초하풍경

사갓빼미는 보리밭골
반 쓰러진 보리섶가
메꽃 핀 그늘 -
그 그늘 아래
인기척에 놀란
개구리 한 마리
섬찟한 가슴 헐떡이며
가픈 숨 몰아쉬는데
가르마같은 논둑길을
한 아이가 배암처럼 달려간다.

제방너머로 해 기우는
실개천 모래밭
피라미 날랄하게 노닥대는
맑은 물가에서
한 아이가 세상을 진무한다.

모래성 쌓고
까치집을 짓는다.
산을 이루고
호수를 막고
디딤돌 놓아가며
풀꽃도 심어
훌륭한 조경도 한다.
한 아이가 천지를 창조한다.

해가 지고
아이 돌아간 모래밭은
어둠의 땅,
실낙원이 된다.

모든 역사는
원초이고
일체의 유적은
태초이다.

1979. 05.

망(望) · 우이도(牛耳島)

모르는 서해바다
창해 건너 우이도
파도와 바람이 어쩌다 자면
그제는 네 곁으로 갈 수도 있으련만
여전히 바람이 불고
비까지 내린다.

가고픈 우이도
보고픈 옥이
너는 섬에서 나는 뭍에서
그리움 간절하여도
우리 손닿기엔 꽤나 멀구나.

긴 해후를 위해
바친 몸부림으로
마음의 횃불을 켜 들고
밤마다 여장을 꾸리나
나는 언제나 걸음이 묶인 채로
아침을 맞는다.

낯선 서해바다
창해 지나 우이도
밤안개 자욱한 지평에 서서
날마다 환상으로 너를 그린다.
오늘밤은 구름 위에
고운 달이 떴을까.

1979. 05.

하오의 적막

해넘이의 황혼말에서
나는
미친 사람처럼
부질없는 웃음을 웃는다.

이 실없는 부산한 웃음도
끝내 적막을 못 이겨
찻잔 속으로 숨어든다.
파문은 일지도 않는다.

꽃이 피어서 지는 때
뚝 - 하고
숨 끊어지는 소리
듣지도 않았는데
어느 새 꽃은 지고,
먼지가 펄썩 일고
다시 앉은 뒤에는
여전히 고요함만 남는다.

고요함의 고개를 오르면
적막함
지극히 고요한 자리의
답답함을 누가 아는가.

1979. 07.

어느 찻집에서

참 많이도 변하게 했다.
세월과 세상이 서로를
내가 잠든 밤중조차
잠시도 휴식하지 않았나 보다.

공간의 자금빛
그 분명하던 색채가 바래고
지평 위에 선
인간의 언어가 모반을 했다.

그래서 지금은
꽃도 철없이 핀다.
꽃 좋고 씨 나쁜
에프원(F1)의 무리들.

찻집의 회색결은
사내의 순결을 딴다고 한다.
순정을 다 바치는 순애보는
이제 꿈속의 사랑인가.

나는 흥건히 습기진 가슴을
선풍질 하면서
어느 늦가을
잎 다 지고 된내기 흠뻑 맞은
시골집 뒤뜰의
소털색 감을 따던 생각을 했다.

그때 나는
세월을
그렇게 떠나보냈다.
세상은 읽을 수도 없었다.

※ 된내기 = 된서리

1979. 06.

만하사생(晩夏社生)

태극깃발 펄럭이는 처마 밑에서
우리가 줍는 이념은 무엇인가.
상념들은 솔바람에 나부끼고
한 더미 구름이 목마름을 보챈다.

사람들의 땀 젖은 옷자락은
늦여름 불볕에 더 타고
민주 이념을 싼
손수건 한 장이 땀에 절린다.

황혼이 지는 지금도
피서를 떠난 사람들은
제 터로 돌아오지 않는다.

그들은 어둠 속에서 무엇을 줍는지.
마지막 여름밤을
망령의 그림자처럼 서성이는지.

깃발이 조용히 내려 걷히고
이념이 잠든 도심엔
고요 대신 모기떼의 수다가 시작된다.

박제된 평화
도색된 자유
그것은 민주이념이 조각난
지금의 우리 이름이다.

1979. 08.

저녁노을

보라!
머언 벌판에서부터
푸르락 붉으락 익어가는 그 얼굴
어찌 그리 수줍음도 많은지.
소리 없이 웃는 웃음 하도 고와서
마음 절로 반해 피가 끓는다.

숙어진 아미 아래
불거진 연지볼 봉오리마다
서려 풍기는 고요한 홍분은
지평금에 선
두 입술을 맞닿게 한다.

별들이 유등(油燈)처럼
가슴 큰 밤하늘에 걸리면
수줍은 얼굴,
소리 없는 웃음도
등 뒤의 밤 속에 묻혀 버린다.

돌아누운 등성이마다
능선을 타고 내리는
빛보다 더 짙은 어두움이
그의 옷자락을 벗겨 내린다.

나는
서운한 행복에 젖는다.

1979. 09.

사랑나무

박토 가시덤불 속에 싹튼
풀꽃도 자라서
햇살을 헤치고
그윽한 꽃향기를 피우는데

어쩌다가
가슴 안에 움튼 사랑나무는
비가 내려도 갈증을 느낀다.
홍수란 없다.

사랑나무는
하늘 아닌 땅을 향해
뿌리 아닌 가지를 처박고
햇살 아닌 물을 바란다.

꽃을 피울 때까지는
기약도 없이 먼 날,
꽃은커녕
애를 태우다, 속을 끓이다
누렇게 떠서
잎조차 말라 간다.

1979. 10.

비사(悲事)

(I)

수만백 인연 중에
맺은 인연 귀하더니
하필이면 마음 주고
정 못 맺을 인연인가.
에라!
도덕이 중하거든 사랑도 귀하리라.

(II)

한 길 먼 데서
찬 눈바람 불어오니
단풍 못 들고 마른 잎
자락자락 찢기운다.
못한 사랑 내 마음도
천만사 올올이 갈래갈래 진다.

1979. 12.

님의 영전(靈前)에

허탈을 씻어 내려는 듯
간밤엔
가늘게 흐느끼며
비가 왔어요.

지금은 선잠 깨듯
맑아 있지만
아무래도 유쾌한
산천은 아니어요.

살며시 창가에 기대어 서서
신천지의 머언
일출을 보려는 마음이
하냥 설레어져요.

이 슬픈 구름이 걷히고
해맑게 하늘이
웃어주기를 바라는 마음은
냉정인가요.

가셔도
보내지 않은 뜻이어서
믿기지도 않지만,
이렇게 산천도 울고
미물도 우니
행여 하는 마음조차

믿어지지 않아요.

긴 - 장송곡은
눈물이 됩니다.
눈물은 탄식이 되고요.
분향하여 읍하고
삼우제 올리오면
연옥을 면하리오.

주여!
거두어 주소서.
만백성의 기원이오니
님의 태산공적을 보아
죄를 사하여 풀으시고
은혜로운 곳에서
영원히 쉬게 하여 주셔요.

※ 고 박정희 대통령 삼우제일에

1979. 11.

이브의 밤거리

눈답지 못한 눈발
싸락눈 내리는
이브의 밤거리
그래도 첫눈이다.

살갗을 에이는
찬 바람 몇 조각이
가로수 마른 가지 끝의
하늘에
젖은 빨래처럼 펄럭이고

옛사람의 기억도 잊은 채
캐롤송만이 다정한 양
성큼 거리를 좁혀 가면서
말없이 다만
싸락이
함박눈 되기를 염원한다.

그러나 싸락조차 멎어서
거리는 더 부산하게 웅성이고
화이트 크리스마스!
간절한 나의 기대는
일진한풍에
요절이 나버렸다.

1979. 12.

제 3 장

1980년대

올 봄

봄엔 그렇게 행복한가요.
봄은 그렇게 다감한가요.
햇살이 따스해서
바람이 포근해서
봄은 또 그렇게 아늑한가요.

해마다
소녀는 봄이 좋다고 했지요.
그래서 사립문을 열어 두고
온종일
봄을 기다린다고 했지요.

봄에
새싹이 돋고
꽃이 피기 때문만은 아닌,
소녀의 가슴에도
사랑과 시심이 움돋는 까닭에
올봄이 또 설렌다고 했지요.

소녀는 봄이 이울 무렵엔
늘 -, 외톨이라 투덜대며
사실은
봄보다 나를
더 좋아한다고 했지요.

1980. 02.

꿈에 본 춘옥(春玉)

옥아!
의제 춘옥아
나는 어젯밤
슬픈 꿈을 꾸었다.

그토록 내 가슴을 밀치며
팔고리를 벗어나려 하는
간단없는 네 몸짓의 의미를
아직도 알 수가 없구나.

지난 해 섣달
면회 온다는 전갈을 끝으로
연고가 무엇인지
새 소식도 안부에 대한 기별도
모두 오리무중 안개 속이다.

얼굴 한 번 본 적도 없이
햇수로 삼년을
정 없는 마음만 깊어
안타까운 이별의 병만 든다.

오늘도 사진과 빈 우편함을 보고
사슴처럼 목을 빼어
밀리 서님쪽 산니미 있을
우이도 하늘을 본다.

오!
우리 다시
원초인가.

1980. 03.

봄의 문턱에서

누가 나에게
불씨를 다오.
마늘밭에 봄불 지르듯
진부한 모든 생명과
죽은 모든 것들을
태우려 한다.

햇살이 눈부시게
뜨락에 떨어지고
바람은 이따금씩
햇살에 꺾이는데
배추흰나비 한 마리
어랑어랑 꽃을 찾는다.

새침뜨기 이웃처녀
춘삼월 시집간다 좋아해
웃는 웃음소리
담밖으로 까르르-
신바람 웃음이다.

따스한 바람 불고
비 내려서
산에 들에
백화만초 다투어 피고
숲속에는 온갖 새들 노래해
봄은 언제나
새것으로 아름답고 고와라.

1980. 03.

목련화(2)

오늘밤 봄바람이
한없이 감미롭다.

그 집 담안의 창가에
삼월의 눈송이인양
목련화 흰 꽃이
달빛 고이 받아 인다.

바람 반해 향기 맴돌고
향기 취해 바람 맴도는
틈 사이에서
나는 그만 숨을 멈춘다.

가볍게 부는 바람결에도
애절하게
떨어져 내리는 목련은
오늘밤 봄바람이
그지없이 야속하다.

1980. 03.

울릉의 새벽

울릉의 일번가
도동의 새벽은
개들의 짖음과
뱃고동 울음으로
바다와 하늘이 열린다.

성인봉을 내려온 바람은
골목을 따라 와
물항장에 엎어지고
머언 수평선은
태초의 모습으로
고요히 누워 있다.

부지런한 사람들은
어둠을 쓸고 일어나
드문드문 골목을 스치고
이천광음의 늙은 향목(香木)은
마지막 무명을 허리에 찬다.

울울한 숲속에선
온갖 새들이 날고 우짖고
오늘 또 하루
고운 햇살 위에
개벽의 꿈이 핀다.

아!

울릉의 새벽은
창세기의 나들이
생명의 숨결도
밝음의 빛도
모두가 새롭게 태어난다.

이미 죽은 모든 것조차
되살아 숨 쉬는 듯한
그새 -,
고요한 바다에선
머언 동이
물감처럼 붉어진다.

1980. 04.

조조(朝鳥)

아침 뜰에
새가 날아와
노래를 한다.

텃새
파랑새
이름 모를 새
작은 몸을 가비얍게
이리 사뿐 저리 살짝
총총 걸음 어울어서
짹 - 짹 즐겁게
노래를 한다.

포롱포롱 날아
작은 하늘을 차고
왔다 갔다
헤집고 쪼으며
숨은 것을 본다.
숨은 것을 본다.

1980. 04.

울릉의 밤

해와 비슷한 달은
이른 저녁에 떠오르고
풀잎같이 푸른 바다는
고운 마음 안에
동경처럼
샘물처럼
사랑처럼
그렇게 아롱져 있다.

깊을 대로 깊어
이슥한 밤하늘은
한 장의 나뭇잎처럼
성인봉을 덮어 있고
섬은 한 덩어리 반죽처럼
웅크려 있다.

머언 바다에서 오는
섬광이
달빛과 어울어져
수풀 사이로 지는데
어둠속을 흐르는
나의 사랑노래는
멈춰지지 않는다.

1980. 04.

대화퇴

아득한 동해바다
심해선 넘어
푸른 하늘 못 바란
대화퇴 내다보며
소리쳐 부르노라.
못난 이무기를

전설의 고향같이
딛고 설 자리 없는
흔적조차 숨기고서
바람 불어 물결일 때마다
지워지는 그 자리에
그래도 솟아오를 꿈 있어
다시금 부르노라.
용이 못된 이무기를

아! - 밤낮으로
파도에 떠내려간
먼 날의 뭍이여
너의 향수가 뭍인가.

까마득한 날에
너는 이미 바다였어라.
까마귀 울지 않는
우리 모두의 바다였어라.

1980. 04.

독 도

묻에서 머언
수평선 너머
해조음에 잠을
깬 단애의 돌섬

조국의 간장 끊어
닻을 매고
오천년 사직을 이은
초병의 늠름한 기세

여기, 가신님의
혼을 묻어
절해고도의
한을 지우나니

장한 막내 독도
나의 강토여!
의지하여 조국은
너를 믿는다.

1980. 05.

독립문바위

독도의 독립문바위
개선의 뜻을 이어
때마다 보내나니
함지로 가는 해를

무명의
아득한 천지에
버려진 햇살 거두어
만년의 해원을 초병같이 지키다.

아!
무심한 세월에도 오만을 멈추고
스쳐가는 풍상마다
시비하지 않거든

너의 개선은
오랜 인내였다.
피 흘린 투쟁보다
참아 견딘 극복이었다.

1980. 06.

울릉도

동해 만년 쪽빛 바다
맑은 물 위에
부상의 꿈 더불은
역사 깊어 장함인가.

이속을 태연하게
종사를 떠났어도
위태로움 클 적마다
뭍의 소식 간절하여
그 치는 몸부림이
늘 - 동해의 파도 되었어라.

동백꽃 피고 지는
그늘 아래
천년 향기 머금고
익은 사랑 숨어 있음에
낮밤으로 염원하여
너 또한
나의 조국 되었어라.

태초의 뜻을 바라
평시에 그리고
꿈에조차 사모한
울릉도 !
의연한 네 모습을
지극히 사랑해
겨레는 너를 위한다.

1980. 08.

섬말나리

(I)
울릉의 나리꽃
섬말나리의 웃음은

갓난아기의 복슬 웃음
본연의 웃음

유아의 방긋 웃음
재롱 웃음

소녀의 어긋진 웃음
호기심 찬 웃음

처녀의 가냘픈 웃음
수줍은 웃음

노처녀의 안달나는 웃음
짜증스러운 웃음

새댁의 만족한 웃음
행복한 웃음

아주머니의 노련한 웃음
알랑한 웃음

할머니의 허탈한 웃음
이 빠진 웃음

그 모두를 닮은
꽃, 그 자체의
거짓 없는
꽃의 웃음이다

(II)
울릉의 나리꽃
섬말나리의 웃음은

과부의 씁쓸한 웃음
몸부림 같은 웃음

기생의 아부하는 웃음
시시껄렁한 웃음

창녀의 교태스런 웃음
돈독 오른 웃음

마담의 음흉한 웃음
통밥 재는 웃음
귀신 웃음
도깨비 웃음
그리고 그리고 의미 없는 웃음
나의 웃음

어느 것도 아닌
꽃, 그 자체의
화사한
꽃의 웃음이다

1980. 08.

천부동(天府洞) 가는 길

옥수숫닢
서그렁대는 소리
바람에 지는
천부동 가는 길은
슬하에 운무 피는
외로운 고갯길
기 - 인 계곡에론
하이얀 물소리가
뒤를 따른다.

너와집, 샛집 모퉁이
작은 숲속
어디메선가 들리는
혹비 울음소리는
나리꽃의 포근한
품안을 기댄다.

내수전서 하룻밤
취기 싸여 지낸 후
와다리 석포를
비켜서 가는 길에
딴바위 죽암이
이정표처럼
길을 막아 서 있다.

천부 천부 천부동

하늘로 가는 마을
풍혈의 찬바람에
여름이 시원한 바다까지
진한 초토향에 젖어 있다.

1980. 08.

비오는 천부동(天府洞)

옥수수 긴 잎에

떨어지는 빗방울

천부에 오는 비는

천부당 만부당.

지리한 장마에

강낭의 늙은 수염이

흠빽 젖는다.

삼단같은 머리칼이

젖어 감기운다.

끝내는

홍수가 났다.

사태가 났다.

1980. 08.

오징어

귀 넓은 오징어는
뜻밖에 눈이 멀어
밝은 빛 아래로만
떼서리로 모여 든다.

밤마다 새도록
유혹하는 어선들의
조명빛 안으로

유혹에 속아
배 갈리고
귀 꿰인 참형으로
밝은 빛 아래서 마른
그들의 주검들은
어두운 사람들의 입속에서
망신창이 되고

대양의 나들이
큰 기대가 무너진
그들에겐
칠흑의 바다
밤바다가 원수였다.

1980. 09.

울릉을 떠나면서

보루산 가두봉
가마득 멀어지는
성인봉.

맥맥이 흐르는 피를
다 부어 내인 듯
반년생활 울릉도
정은 백년이다.

차마 못 가올
서운한 이별을
부여잡는 울음 없이
혼자서도 병이 든다.

재 너머 고개 너머
가을산 해거름이
단풍에 지는 때를
우린 모두
서로의 뜻이라 우기던
아! -
지난날의 쾌성도
꿈결같이 들린다.

배는 나뭇잎 같이
자꾸만 자꾸만
머얼리 떠 - 간다.

1980. 10.

그간 삼년동안

그간 삼년동안
나의 이름은
의미의 보람이었다.

이 이름은
세상에 남길 공명이 아닌
고행의 이름으로
타인의 무의미도
나에겐 의미가 되었다.

그들이 부르는
나의 이름, 이름마다
열매가 익어
풍년의 가을을 나누리라.

그간 삼년동안
나의 이름은
의미의 보람이었다.

※ 군생활 삼년을 회고하며

1980. 10.

시 간

서천을 흐르는
효광을
머언 바다는 아는가.

애애(靉靉)한 공간을
맴도는 운무처럼
소리 없이 아우성 쳐간
시간의 모습을
그대는 보는가.

실루엣처럼이라도
땅위를 흐르는 빛은
명백한 시간이 되지.

나달로
세월로
공간을 채우는
인생의 운명이 되지.
한 토막 역사가 되지.

1980. 10.

가을의 길목에서(2)

북망산천의
나는 새 울음소리는
상실한 시간의
통곡이다.

더 늦기 전에
들꽃처럼
나의 모든 향기를
한껏 피워버리고 싶다.

안으로만 굳어지는
고집 같은 자존심을
무덤속의 주검처럼
보관할 까닭은 없다.

자존심은
석류처럼
밤송이처럼
움추리다가
비로소 터지고 만다.

새처럼 날아서 울고
꽃처럼 향기를 피우자.
가을이 가는 길목에서
그리고는
시든 들꽃이 되어 버리자.

1980. 11.

생사(生死)의 평면도(平面圖)

1. 생(生)의 평면도(平面圖)

천(天)

↓

사(社) → 생(生) ← 독(獨)

↑

인(人)

정리 : 결론은 유일
어느 방향도 산다는 것이다.

2. 사살(死殺)의 평면도(平面圖)

(그림1) 사(死)의 평면도(平面圖)

사고(事故)
↓
전(戰) ↘ ↙ 익(瀷)
병(病) → 사(死) ← 노(老)
화(火) ↗ ↖ 객(客)
↑
자연(自然)

(그림2) 살(殺)의 평면도(平面圖)

학(謔)
↓
자(自) → 살(殺) ← 피(被)
↑
형(刑)

정리 : 결론은 유일
언젠가는 죽는 것이다.

1980. 11.

이유(理由)들

원칙을 벗어나지 못한
나는
지극한 이기주의로 돌아갈
어떤 이유를 가진다.

너의 죽음
나의 죽음
우리 둘의 희생은
보람 없을 이유가 있다.

구십미리 솔담배가
채 십분 안에
무형의 기체가 되는
허무한 사실을
티 잡을 이유가 있다.

담뱃재처럼
박살되어 가는
영혼의 짙은 그림자를
지켜 볼 이유가 있다.

길가에 마구 떨어진
꽁초의 주검들
희생인가.
학살인가.

몰라도 좋다.
다만 꿈으로 사형되고만
지난 삶이 초라한 것은
핑계 같은 이유가 있음이다.

1980. 11.

범어동의 어느 봄

내게
스쳐가는 봄이어도
한 아름 품안에 안아나 볼까.

범어동 1번가
탱자꽃 핀 고가 모퉁이를
돌아서 가는
화랑로 한 길가에
어제 곱던 벚꽃
하룻밤 찬비에 지고
어느 샌가 잎새마다엔
자벌레처럼
버찌들 숨어 있다.

지난 날
비름배기 구릉 위엔
건물 숲이 즐비해 가고
토양은 아스팔트빛으로
오염되거나 간에
봄빛은 한창 예전답다.

다듬어서
굳이 좋을 땅이면
다듬을 일이지만
탱자꽃 핀 고가도
바람속의 티끌처럼
곧 그렇게 갈까.
올봄에 정든 길이 오히려 섧다.

1981. 04.

아카시아(1)

아카시아 만판 핀
가지를 서넛 꺾어
책상머리 조촐하게
꽂아서 보니
향기도 진하건만
맵시도 숙연하다.

십년지우 나의 꽃
해마다 이맘때로
님의 얼굴 뵈온 듯
그리던 정 떠올림에
한 가슴 설레인다.

웃는 아이 흰 이 같은
정한 빛깔과
오솔길 돌면서
속삭이는 밀어처럼
진한 향기는
난하지 않는 소박으로
어디서고 마음을 진무한다.

나의 꽃 - 아카시아
이 봄엔 더욱 고와라.
한 열흘 지난 후에
내 다시 외로워도 좋거니
해마다 한 차례
님의 얼굴 뵈온 듯
설레는 가슴으로 너를 보노라.

1981. 05.

오월의 편감(片感)

뻐꾸기 운다.
오월 오시의
뜨거운 햇살 아래
하늘 낮은 나무 위에서
뻐꾸기 운다.

우는 뻐꾸기 사연이 길어
해가 저문데
어둠을 헤치고 오는 건
꽃답디 꽃다운
젊음이란 것들,

부족이
투성이로 매달린
고통의 달
젊음도 쉽게 날 수가 없다.

높은 가지 끝에서
땅의 깊은 곳을 향해
내려앉는
뻐꾸기 울음처럼
젊음도 끝없이
바닥으로 바닥으로
추락하고만 있다.

1981. 05.

황혼의 과수원길

탱자가시 울타리 넘어
넘어서 지는 해는
아침에 두고 온 산천이 그리워
서산마루 긴 재를 이양 갑니다.

바람 불어 마음 어지러운
객지의 밤마다
차마 가지 못한 채
어두움 밝히는 몸부림으로
고향을 그립니다.

무럭무럭 나무들
키 큰 밤하늘엔
이름만 투성이로 남은
추억들처럼
어느 결에 별이 떠오릅니다.

오늘밤 나는
꿈같이 외쳐 봅니다.
별처럼 초롱했던
얼굴 잊은 고향친구들의
대답 없는 이름들을

1981. 06.

사격장의 편감

가까운 산
멀어 뵈고
먼 산 흐릿하다.

금새 비 내릴듯
구름 가득 끼친 날
뻐꾸기 울고 우는
하늘이 무겁다.

본시 사격장 군기
세어서 정연한 터에
산골의 나무들조차
가지런히 숨소리 죽여 있다.

돌시만에 듣는 총성
화염에 싸이고
화염은 사수의 코끝에서
상기롭게 죽어 간다.

이윽고 비 내리고
가을도 가는 실
입추의 거리는 산뜻해진다.

그리고
빠른 총알은
시간을 뚫어낸다.

1981. 08.

정대동에서

정대동 비켜 올라
산골 산골
등반을 마치고
서슬 푸르던
오리나무 숲 아래
와반석(臥盤石) 요를 삼아
한잠 청해 누워 있다.

드물게 구름 오가는
하늘 푸르고 높아
지난 여름동안의
옹졸을 면했다.

골짜구니 쉬임 없이
온 종일 나린 물이
바람 실어 계절 실어
살갗에 - 가슴에 -
깊어가는 가을을
안겨다 준다.

※ 와반석(臥盤石)

1981. 10.

동촌(東村)에서

산천가로에
나무들 눈트다.

봄비 내리는 금호강
깡마른 언덕에도
밤이 깃든다.

먼 듯이 가까운 곳을
내려다보는
영과 나의
밀접한 그림자 주변을
어두움이 짙게 깔린다.

주일의 교회당 종소리
멀리서 오고
판자집 개 짖는 소리
가까이 아우성인데
비탈길 주막집 발치에서 듣는
누구의 부는 하모니카 소리
설어도 운치가 높다.

대로에서도
우리는 끝까지
두 손을 꼬-옥
맞잡고 있었다.

※ 산천가로(山川街路)　　1982. 03.

해인사(海印寺) 가는 날(1)

이제부터, 산천은 -
그리 아름다울거요.

빛깔 고운 단풍이나
무색 진한 계골물이나
모든 것이 모두 모두
엄청나게 차가운
겨울 길로 들지만
함께 가는 이 사람
웃음이 따스해
봄은 여전히
겨울 속에도 있음이야.

해인사 가는 길
삼수갑산(三水甲山) 길목같이
꼬며 도는 비탈길
비틀려서 가지만
함께 가는 이 사람
새 정이 청순해
길은 말끔히
앞으로 뻗어 있음이야.

해인사 뱃터에도
어느 결에 찬바람 불어
낮동안 흐르는 물조차
작은 등걸섶에 얼지만

함께 온 이 사람
소순(素純)한 마음이 고와
아직껏 설은 정
고이고이 깊어 감이야.

오늘처럼,
이후로도 언제나
그대 - 나 지척에서
우리가 보는 산천은
오직 사랑이 있음으로 하여
계절마다 꽃다와
끝날까지 우린 -
그리 행복(幸福)할거요.

1981. 11.

남도의 길녘에서

섬진강 들녘
드넓은 갈대밭
초가을의 향기
강물 위에 떠 있다.

구름 자옥한 하늘이
더없이 차분한데
길은 남해 고속도로
낯선 어둠에 해가 저문다.

밤송이 굵어 가는
산기슭마다
온갖 잡초들 꽃이 피어
초행길 설은 마음을 적신다.

산에 들에 즐비한 숨결들이
기다린 듯 별을 맞아
익어 가는 영혼의 꿈을
이슬처럼 뿌린다.

1982. 08.

허상의 미

덜어 놓인 하늘이나
거울 속에
구름이 흐른다.
때로, 때때로
새들도 스쳐간다.

설핏한 기억이나
추억 속에
옛날이 떠오른다.
죄 많은 시절 - 그때의
보속의 길은 멀으신가.

지난 날
바닷가 풀섶에서 본
하늘도
물속의 하늘이 곱더니
사진같이 그림같이
지금의 하늘이 그렇다.
거울 속의 하늘이
곱기만 하다.

죄악도 지나면
추억이련가.
곱고 아름다운 장식
아니면 정작
보속의 길은 무엇인가.

1982. 08.

새봄의 문턱에서

주촌의 BBS
미련한 사내
생명의 동가리를 줍는
큰 손 넝마꾼의
긴 한숨에 겨울이 간다.

꾸겨서 접혀진 목숨조각
구걸에 설움진 땀방울로
때꾸정물 가득 쩌린
영혼을 줍는다.

겨울이 가면
그도 갈지 모른다.
본시의 모습으로
돌아갈지 모른다.

그리고는 외길 주촌에
봄바람이 불지.
깨끗한 바람 속에
하우스마다엔
새 생명이 먼저 돋지.

주촌의 BBS
미련한 녀석은
이윽고 큰 손으로 거적을 걷는다.

겨우내
누렇던 생명들이
한 줄기 깊은 숨을 쉰다.
푸른 모습으로 돌아간다.

1983. 02..

외로운 날에(1)

외로운 날에
하늘은 비어 있다.

꽉 찬 하늘이
때로는
비어 있기도 한다.

하늘은
수시로 때때로
오케스트라의 무대가 된다.

천둥과 번개
구름과 안개
우가와 설화
일월성신 은하수
부는 바람 회오리따라
늘 웅성대며 부산하다.

하늘은
언제나 청년
젊으나 젊게 살아 있다.

그러나
외로운 날의
하늘은
온통, 텅 - 비어만 있다.

※ 우가(雨歌)와 설화(雪花)

1983. 04.

어느 고향의 꿈

산마다 민둥산
돌산 비름배기
나룻배 저무도록
쉬는 강나루
작은 마을의 뒤켠은
대숲만 무성하다.

비알밭 다닥다닥
감나무 한두 그루 선
담겯 사잇길로 들어가는
시골집,
찌든 가난이나
소박한 웃음이 들린다.

봄버들 새 까치집에
봄까치 - 까치 -
까치가 울면
부지런한 농사꾼의 소망이
괭이 끝에 패인다.

아내 젊어 있고
농사 잘 되면은
아이들 건강하고
시절 좋으면은
또 오는 겨울
대밭의 찬바람도

그럭저럭 따스히 지내련만.

실은,
소박하나 대책 없는
농촌의 꿈은
밤하늘 은하수만큼이나
아련하기만 하다.

1983. 03.

시지포스의 꿈

1983의 꿈은
어디로
꿈은 깨고 나면
꿈일 뿐인가.

기억이 없는
생각이 막히는
깊은 밤의
비좁은 구비에서
풀잎이 이슬을 그리듯
영혼도 꿈을 그린다.

비록에 꿈이
주검 같은
부토 같은
광란의 한 흔적일지라도
우리는 끊임없이
꿈을 꾸어야 한다.
꾸어야만 하는 것이다.

1983. 12.

희방사(喜方寺)의 가을

하늘에서 내리는
붉고 노오란
햇살의 행렬 같은
희방사의 가을은
망사(望四)의
꿈 같다.

아내 독촉 같은
물 흐름이
가을을 재촉하는데

희방사의 폭포에
다시금
해가 기운다.

1984. 10.

눈 오는 가은(加恩)길

점촌을 떠나 서북으로
불정에 눈이 오니
함박눈
소록 - 소록
마음이 불타오른다.

진남숲을 지나치며
가은으로 가는 길에
솔가지 푸른 잎의
분단장이 정하다.

길섶의 텃새들이
분황히 날으고
저문 길을
느긋이 재촉하는
나의 걸음은
목 긴 사슴인가.
노루의 발치인가.

집 떠난 여러 날의
설풋한 향수가
눈처럼 소복소복
떨어져 쌓인다.

1985. 01.

수양버들(2)

봄맞이 첫 신록
수양버들은
겨울과 봄의 혼재 속에서
희망찬 신천지 골골마다
새싹 돋아나면은
샛바람에 생명의 깃발을 날린다.

연두에서 초록으로
여름이 오면
억수 같은 장맛비에
삼단 같은 머리 감아
사념을 씻고
마파람에 의지 굳은 꿈을 날린다.

푸르던 잎 단풍으로
가을이 오면
고독한 계절의 밤마다 빚은
이별의 상채기를
차곡차곡 쌓아 재이다가
하늬바람에 깊어진 사랑을 날린다.

겨울엔
삭풍 차디찬 눈바람에
알몸이 얼어도
원망 없는 휘날림 가녀린 몸짓으로
서리서리 기나긴 밤
높새바람에 다듬어진 인고의 향을 날린다.

1985. 02.

웃음의 꽃

이 꽃은
향기는 진하나
가시 독한
장미인지도 모릅니다.

이 꽃은
향기는 없으나
많은 사랑 받는
모란인지도 모릅니다.

이 꽃은
산이나 들에
이리 저리 피는
들꽃인지도 모릅니다.

이 꽃은
꾸정물 속에서도 피어나는
참으로 우아한
연꽃인지도 모릅니다.

이 꽃은
물위에 떠서 피는
부평이나 몰밤의
꽃인지도 모릅니다.

이 꽃은

너무도 유명한 이름의
꽃인지도 모르고
누가 한 번 부르지도 않은
이름 없는 꽃인지도
우리는 모두 모릅니다.

이 꽃은
밤마다 이슬을 머금고
낮엔 햇빛에 졸고
때론 비에 깨어서
주야로 바람 부추기며
언제나 어디서나 피는 꽃입니다.

슬픈 자 위로의 꽃
기쁜 자 축복의 꽃
누구에게나 피는 꽃
우리가 있는 곳에
계절 없이 피는
사계의 꽃입니다.

이 꽃은
꽃 중의 꽃
웃음의 꽃입니다.

1985. 05.

해인사(海印寺) 가는 날(2)

이제부터, 산천은 -
그리 푸를 거요.

큰 비 내려 물불은
계골 계곡에
백목만초 싱그러움이나
바위서리 물소리 싱그러움이나
모든 것이 모두 모두
끝없이 젊고 젊어
함께 온 우리 가족
모두 건강해
장마 속의 여름도 해맑음이야.

해인사 가는 길
훤히 트인 신작로
팔팔 고속도로
시원스레 가는데
세정이 재롱 웃음
모두가 예뻐
길은 더욱 아름다운 꽃길이야.

해인사 뱃터에도
지리한 장맛비 그쳐
백화만향 천지 가득
향기 더 짙고
생기 드높은

새들의 노랫소리 낭랑해
행복한 멜로디 더욱 깊어감이야.

오늘처럼
이후로도 언제나
계절마다 한결같이
우리 새 가정 웃음꽃
세정이 재롱이 있음으로 하여
기쁨 가득 행복한 나날로
끝날까지 우리의 산천은
그리 꽃다울 거요.

1985. 08.

바닷가에서

늦여름 바닷가는
잔칫집 뒷날의
풍경 같다.

한여름 뙤약볕에 등쌀대던
인파들은 돌아가고
밟혀서 마당같이 된
백사장 한 편에서는
드물게 조무라기들
지겨운 물장난에
몸살이 난다.

어촌 뒤뜰의 논엔
어느덧
나락이 피어서 숙이고
참깨밭이 비어 가고
고추의 열매 더 붉어
밤송이 벌어질 듯한
늦여름의 마지막 정경이
더불어 여문다.

가끔 산이 돌아 앉아
뱃고동소리 맞이하고
백구는
뭍에서 바다로
그의 집을 헤매어 간다.

날 저무는 해변길을
생선수레 쉬엄쉬엄
지친 듯 돌아가고
바람이 청량해도
적막이 깔려
의식의 정리가 없는 중에
물결같이 밤이 깃든다.

1985. 08.

청량산 바라보며

청량산 짙은 구름

가을빛 깊어 간다.

남회룡 산기슭의

비탈밭 이랑마다

흘러내리는

고추 붉은 빛에

낙동강 상상류가

잇빛으로 구비치니

올 가을 고추농사 풍년으로

농사꾼 웃음이 푸르다.

※ 잇빛 : 잇꽃(홍화꽃)색을 뜻함

1985. 09.

외로운 날에(2)

나, 이 켠에서
너, 저 켠에서
우리 서로 만남을 위하여
때로 때때로
한 금씩 조금씩
다가서 간다.

그러나
손닿을 수 없는 거리에서
언제나
오금이 멎는다.

나는 어찌할 수 없는
외로운 몸인가.
깃발 없는 깃대처럼

인생의 외로움은
끌로도 못 파는가.
생애의 단 한 번
혼자를 떠나고 싶다.

비록 보람 없이
한 덩어리 흙더미로
주검이 될지언정
혼자를 피하고 싶다.

1985. 10.

영주 가는 길(1)

가을 황혼이
어둠살에 빛나는데
머언 하늘의 노을은
아쉬움처럼
풋익었다.

초속의 동차는
북행을 가고
새벽은 먼데
밤이 깊어라.

아 - 지나쳐 온
산마다 골마다
가을꽃 피어 피었다.

나도
반평생 넘은
인생의 꽃 피어라.

산모퉁이 돌며돌며
바위서리 솟는 샘물같이
가슴속의 마른
사랑의 샘물 솟아라.

나의 가슴은
여전히 사막인가.
가을이 깊어 가는데
나의 가슴은 -

1985. 10..

영주 가는 길(2)

대구에
대구에
먹물 같은 구름이
하늘을 덮어 온다.

긴 여름 다 - 가고
높아, 높아만 가던 하늘이
다시금
땅으로 가라앉는다.

푸른 투피스에 파랑 우산
한 벌 맞춘 계집이
머언 하늘처럼
가까이서 아른거린다.

깜쪽 같이 구름에 하늘이 가리우고
계집의 얼굴빛은 파리하고
나는 눈빛이 바래고
마음은 홍수가 진다.

와르르 천둥번개
하늘과 땅이 그냥 섞이고
그리는 새 부르는 듯
영주행 열차가 온다.

끝내
비가 내린다.
가라는 가을비.

1985. 10.

봄길에서

낙동강 새 둑 넘어
갱분에 비 내리고
외줄기 더러는 두 갈래
구비치는 강물이
비에 젖는다.

강둑 위엔
버들의 향기로운 촉을
바람이 스치우고
언덕이란 언덕마다는
작은 솔이 슬그머니
긴 팔을 드리우고
비 오는 새아침의
조용한 무드에 젖는다.

운무 속에 희미하던
머언 산들이
더욱 아득해 지고
이슬비 굵어진
빗줄기 사이를
봄이 소옥 - 속
솟아오른다.

※ 갱분 : 강변을 뜻하는 경상도 사투리

1986. 04.

봉화땅에서

노루재 겨우 넘어
현동을 지나
메재에서 땀을 씻고
단숨에 자마리로
태백의 굽은 길을
돌고 돌아 맴돈다.

산골짜기 마을마다
집집이 찾아 드는데
어느 덧에 때가 늦어
해가 저문다.

산산(山山)으로
골골로
봉화의 하늘을 메운 산
그 야트막한 발치의
비탈밭머리에
드문 농가가 외롭다.

※ 농가 현장지도길에서

1986. 04.

영양땅에서

어두운 가래재
숨죽이고 넘어서
영양에서 하룻밤
봄비가 내린다.

계골마다 나린 물이
반변천 흘러 흐르고
산마다 기슭엔
운무가 서기로 끼쳐 있다.

가는 길 어딘가서
해가 저무는데
고추의 제일 고장
수비를 돌아드니
언제인가 진달래꽃
살랑바람에 떨어진다.

꽃은
다시 또
언제 피는가.

※ 농가 현장지도길에서

1986. 04.

어느 죽음에 부쳐

사월 스므사흗날
꼭꼭 눌러 천지를 채운
어둠이 허우적이는
새벽바람에 가시던
눈멀어 석삼년 부르던 이름
"현이 아빠!"

선어대 굽은 길에서
피 흘려 오한에 떨며
이제는 없을 남편의 품안에서
생사의 갈림길에서
귀멀고 석삼년 부르던 이름
"현이 아빠!"

열소(熱燒)하던 생명의 불꽃 식어 가는데
다시 한 번 구원의 손길 야속하여라.
서는 듯 비켜서 아득히 먼 길을 사라져 가고
아! 삼 세 번
벙어리 되어 석삼년 부르던 이름
"현이 아빠!"

마침내 장돌림차 구원이 되는가.
그러나 안타까이 저버림 되어
앞서거니 뒤를 두고
예서 둘이 이별이 되던가.

※ 거래처 사모의 교통사고 사망에 부쳐.　1986. 05.

끝없는 육이오

하여도 하여도
못다 하는 육이오 이야기
들어도 들어도
끝없는 전쟁 이야기

그 슬픔이 무엇인지
그 아픔이 얼마인지
헤이지도 못하면서
눈시울은 왜 뜨거워지는가.
가슴은 왜 흥건히 젖는가.

바람 같은 총성
물살 같은 포성
모래알 같은 주검
우레 같은 통곡
좌충우돌 피난길의 혼잡
그때 바삐 오가던
이웃들은 누구이던가.

언제 만난 적 있는가.
한 번 친한 적 있는가.
아니면 늘 원수였던가.
뿔뿔이 흩어져 이산가족
지금 서로 생사를 아는가.
지금 서로 만나고 있는가.

산봉우리마다서 원수가 되고
강을 사이에 두고 적이 되어
흘린 피와 버린 목숨
다한 고생 깊은 고통
굳이 대를 이어야만 하는가.
언제까지나 -.

1986. 06.

외롭고 싶은 날

오늘 문득 혼자이고 싶다.
비가 오는 날에
벼랑 끝에 홀로 핀 꽃처럼
끝없이 혼자이고 싶다.

그러다가 외로움 진하면
스치는 벌 나비 모아
웃고 울며 친하다가는
다시 또
한결 같이 혼자이고 싶다.

아직도 생속인가.
여태껏 천성 탓인가.
꿈을 꾸면서도
꿈을 잃은 나이기에
외로움밖에
새로운 무엇이 있을까마는

오늘은
왜 이리도
혼자,
혼자이고 싶은가.

1986. 06.

가은(加恩)에서

처서를 지나 한로로
여름길이 막바진데
탱자울타리 젊은 가시
서슬 되레 푸르다만
그의 열음에도
기어코 가을은 온다.

말매미 울음소리
마지막 절규되어
봉암산 제일 큰 돌
미역바위에 주름지고

산비알을 흘러
골마다 나린 물은
옛사람 자취같이
일필휘지 남겨진
냇돌에 맴을 돈다.

※ 옛사람 : 고운 최치원

1986. 09.

서른세번째의 고백

서른세번째 막바지 가을의 고백
마디마디 그 매듭 생활의 발치에서
슬픔과 기쁨을 함께 한 이웃들도
모두가 기억 속에 추억일 뿐
마음은 언제나 새 만남을 바란다.

그럭저럭 넘던 보릿고개
알게 모르게 훔치던 짝사랑도
지금은 가슴속에 꾸겨진
아득한 백지 사랑이어라.

참으로 오래 지난
울음 울던 날
해년은 책장 넘기듯 흘러
어느새 서른셋, 예수와 동갑인가.

하늘을 향해 가슴을 열고
할 말이 무엇인가 구태여
죄인의 몸이기로,
추억을 위해서가 아닌 삶을 위하여
더 이상 마음으로가 아닌
생활 속의 메시아가 되어야 한다.

이제부터는
뜨거운 눈물을 흘려야 한다.
슬픈 사랑의 이야기도 들어야 한다.
목 메인 아우성의
이름 부르는 소리도 들어야 한다.
끝없는 구세주가 되어야 한다.

1986. 10.

금오(金鳴)의 가을

온 - 세상 천지 황.
산은 만산 홍.
풀잎 나뭇잎 물들어 색 들어
가을이 흠뻑 잦아진 골에
폭포 지는 물소리
오히려 상그랍다.

바람 스치고 비 맞고
천연(天然)의 이끼 묻어
병풍 같은 돌벼랑
하늘 맞닿인 명금의 가을 !

아 ! -
금까마귀 나래 끝에
맴도는 나엽 되어
어지러이 어지러이 떨어지는 잎새는
또 한 번 기인 겨울자리를 편다.

첫걸음 이십년
그 해 가을 - 올 가을
가고 또 가고 또 가려하고
어느 결에 옛산은 모습이 변해
추억도 아스라이 지워져 가고

금오의 가을은 늘 -
아련하기만 하다.
또 언제 언제나 보나
다시 금오의 가을을.

1986. 10.

고(古) · 금(今)

두메나 시메촌
사갓빼미 두어자락.

봄비에
정성같이 곱게 자란
보리밭둑에서
채칼 고이 잡고
쑥나물 도리던
처자는 지금 몇 살인가.

옛날
처자 메던 꼴망태
굵은 멜빵이
마루 밑에서
다 썩는다.

홀어머니 가난을 지고도
웃기만 하던 처자
예전에는 그것이
아픔인 줄 몰랐거니.

마흔을 향한 처자
지금 가슴에는
다만 추억이지
옛 추억일 뿐.

기억의 안개 속에
겨우 보이는
다락골 층계논은
주인이 없다.

옛날
처자 메던 꼴망태
굵은 멜빵 다 썩으면
처자는 몇 살인가.

그때는
사갓빼미 두어자락도
공장터 되었어라.

1987. 03.

채종포(採種圃)에서

남해의 기우는 해
광양만 넘어 볼 제
목 쉬인 - 남저음 목청
뱃고동 울리고 떠나는 때를
고달프다 말도 않고
메마리 심은 뜻은
아! - 언제부터인가.
저 푸른 해원의 크낙한 꿈을
강토에 심으고저

남해나 비토섬,
서포의 귀밭뙈기
달빛에도 가뭄 타는 비알밭
고이, 갈아 갈아
아! - 언제부터인가
씨밭이 되었어라.

장하도다.
남해의 영세불망비
벌 나비 온갖 미물
불러 먹인 꽃의
후한 인심으로 자란
남도의 깊은 인정
가없이 따스하다.

남해에 해 기울고

어스름이 내릴 제도
농위종본 큰 뜻 새겨
고달프다 말도 않고
산밭뙈기 비알밭
고이, 갈아 갈아
씨밭이 되었어라.
장한 씨밭이 되었어라.

※ 메마리 = 매마리 : 무, 배추 채종재배.

1987. 04.

태풍 5호 셀마

구비구비 산길 구비
팔조령 고개를 넘어
셀마, 그녀가 온다는데

바람 휘몰아치고
장대비 퍼부어
청산 푸른 숲이 운다
운다고 하여
설마
세상살이 변함이 있으련가.

아뿔싸 !
셀마, 그녀 가는 길 몰라
마중 차비치 못함이
큰 슬픈 이별 될 줄은
우리 믿은 마음의
재앙이 될 줄은

큰 나무 쓰러지고
원혼처럼 푸른 잎도 나부끼는
셀마의 치맛바람에
우리 뜻밖의 이재민 되는 줄을
기상 점쟁이는
왜 몰랐던감요.

1987. 07. 15.

후포에서

솟글다 솟글다가
이윽고 솟글어
넘치는 바다.

후포의 돛단배
작은 바위섬
물결에 자취 없어도

파도여!
파도여!
너, 바위의 귀를 뚫어
사랑의 노래 듣게 하려무나.

언제나 물거품 되어
부질없는 노래될지라도
나의 사랑노래
듣게 하려무나.

1987. 08.

대답을 하여 주어요

욕심이라고
기실, 혼자만의 꿈이라고
고개를 저어 보지만
부정되지 않는
수렁 같은 이 가슴은
대체 무엇입니까.

방향도 없이
주체를 못하고
마구 흘러 범벅이 된
용암 같은 열기는
지금 무엇을 희망함입니까.

너무나도 긴 시간들에
가슴앓이 되어 곪아 곪다가
어느 결의 바람에
벼락같이 농하여
못 잊을 그리운
향이 되어 퍼지는 것은
우리 모두의 병이 되는 것입니까.

명백한 이 사연을
인습의 이유 앞에
잠이 되게 하는 것은
타다 남은 숯더미
참으로 쇠 녹이는 숯불로

다시 꽃불 되는 의미를
모름이기 때문입니까.

왜 하필이면
우리 맥밭을 갈아요.
그리 묻지를 마셔요.
밤낮으로 씨 뿌려 김을 매어서
행여 추수할 여물이 없다한들
그것이 그냥 허무함입니까.

대답을 하여 주어요.
학처럼 우아한 지성
수정처럼 깨끗한 순수로
외롭고 그리움에
날아 어디론가 가버릴 듯한 그대

불안함에 불안함에
명백한 이 사연을
굳이 잠이 되게 해야만 하는지를

1987. 11.

중앙선을 타고서

마지막 황혼이
속옷자락 걷어 내리니
잔설 끼친 시골마을에
어둠살이 내린다.

겨우내 얼고 얼어
무거운 산 아래
시냇물 맑아
구비구비 가볍게 흐르고

양지녘 버들강아지
봄물 올라
하마 피는지
봉긋봉긋 젖망울답다.

남도에 봄 왔다 하여
개나리 진달래
곧 핀다고 하여
들떠서 마음 바쁜 나를
느긋 - 하라고

강원도 골 깊은
어느 산촌엔
아직도 겨울이
깊기만 하네.

1988. 03.

고향의 가난

시아 시아 아카시아
꽃 피는 오월
시하 시하 층층시하
배고픈 오뉴월

마지막 보릿고개
부지깽이 짚고 넘던
그때 고향의 이웃들은
아직도 가난인가.

지금 서울은
온 세상 잔치상
크게 차리고
올림픽 한다고
평생에 단 한 번
큰 잔치 한다고
춤타령 노래타령
너와 나 흥타령
오색 무지갯빛 거리구만

오!
고향의 가난은
깊어만 가는가.

1988. 06.

옛터에서

길 멀어서 저문 날
영월에서 하룻밤
슬픔이 무엇인지
큰비가 내린다.

장릉을 스쳐 평창, 대화
머물어 가는 길에
구름 걷힌 하늘엔
반쪽 해가 웃는다.

때마침 봉평 장날
메밀국수 한 그릇
때늦은 요기에 생각나기로
짬 내어 찾아 간 님의 옛집.

물방앗간은 어디 가고
옛터에 새집 들어
메밀꽃 없는 텃밭엔
감자꽃만 무성하다.

올 가을엔
메밀을 심는다고
홍씨 처녀 일러주건만
아쉬움은 그침 없다.

일필휘지 방명록 남기고

사진 한 판 박고 오는 길은
개천에 물 불어 소리 드높으니
장짐 싣고 건너던
달구지 소리 들리는 듯도 하이.

메밀꽃 피면 다시 올까.
달이 중천에
흐드러지게 뜨는 날 밤
옛 님을 다시 찾을까.

꿈같은 물방앗간의
하룻밤을 생각하며
팔백고지 싸릿재 지나
운무에 감긴 아흔아홉 구비
대관령 고개
고개를 넘는다.

1988. 07.

아카시아(2)

올해 또 다시
그 계절이 돌아왔다.

밀 보리 알차게 피는
논두렁에 쑥대 무성히 자라고
삐삐 솟아 배부른 싱그러운 하늘에
고향의 꽃, 아카시아
진한 향 그윽히 퍼진다.

길마다 굽은 길 오솔길에도
산언덕 기슭마다 불모의 벼랑에도
시내를 감도는 기나긴 제방에도
온 - 산천에
오월의 꽃, 나의 꽃, 고향의 꽃은
가신님의 혼백 같은 향을 품어 내린다.

푸르름 속에 백옥같이
참은 웃음 드러난 진한 그리움같이
마침내 한 줄기 꽃비 되어
한 가슴, 깊은 가슴 촉촉이 적셔 내린다.

우리 언제 어우러져 하나의 모습으로
봄마다 이맘때처럼
천년을 한결같이 같은 느낌으로
나의 꽃, 고향의 꽃을
지켜 사모하리오.

1989. 05.

거듭나기(1)

가정(家庭)

사명 같은 운명이
삶의 이음줄이요 인연의 선택이며
소명 같은 숙명은
삶의 묶음줄이요 인연의 필연인가.

이렇게 흐트러져서 산산이
예서 제서 그리고 거기서
밤낮을 그리워하며 눈물 흘리며
서로의 하늘을 쳐다보는
우리 셋의 인연은 무엇인가.

팔 뻗어 허우적이며 잡으려 해도
아스라이 멀어져 가는 뒷모습
다시 돌아올 주일을 기약하는
우리는
운명같이 만난 이음줄에
숙명처럼 묶이어 오늘을 사는가.

만난 날보다 헤어진 날이 많은 우리
욕망의 우거진 수풀을 헤치고
거듭 태어나
이별의 눈물과 만남의 기도 대신
우리에게 다가선 모든 살아 있는 것과
이미 죽은 숱한 것들까지도

뜨겁게 사랑하며 위하여 살아보자꾸나.

숙명이 우리를 갈라놓을지라도
다시는 이별을 말고.
운명의 이음줄을 부여잡고서
다시는 이별을 말고.

거듭나기(2)

사회(社會)

재물은 모아서 지고나 가나.
돈은 벌어서 다 쓰고나 가나.
무슨 탐욕이 태산 같아서
새치기 가로채기 부정한 벌이냐.
아 - 이 역한 수렁을 개토치 못하고
벗어나 홀로서 가야만 하는가.

절 싫어 떠나는 중 원망 있는가.
절 나빠 고쳐 사는 중 불평 있는가.
고치지도 떠나지도 못하는 이
원망도 불평도 크다.
아- 이 역한 틈바구니에서
벗어나 먼 길을 가야만 하는가.

정을 두고 역사 남기고
미련은 접어서 챙기고
부여잡는 원성은 차마 모르는 체
홀연히 털고 일어나
일지 못하는 새 길을
그믐밤 가듯 가야만 하는가.

시원섭섭 가는 길에
온갖 유혹이 더욱 성하다.
어느 새 나도 별이 되었나.

거듭나기(3)

신앙(信仰)

눈물아
눈물아
너는 왜 우노.
무명의 천지에 한 줄기 빛
그 찬란함의 눈부신 자취인가.

눈물아
눈물아
너는 왜 우노.
무언의 세상에 한 마디 말씀
그 감격함의 갈증 난 가슴앓인가.

언제 우리
순수와 결백의 숲속에
믿음의 집 지어
백날을 하루같이
한 사랑 받음이련가.
큰 평화 누림이련가.

눈물아
눈물아
너는 왜 우노.
수정같이 맑아 깨끗한
너의 영혼에도

못 씻을 죄 있느냐.
참회의 기도 있느냐.

구원 바라는 이 가슴에
님의 사랑 아득하여라.

1989. 12.

제 4 장

1990년대

어찌하리이까.

살랑이는 봄바람에
부추겨지듯 일렁이며
끝없이 · 끝도 없이 · 끝끝도 없이
밀려오는 흰 물결 뒤에 남는
새 풀잎색 푸른 바다가 정겹습니다.

하이얀 고기잡이 배
심해로, 심해로 가는
화진 바닷가의 꿈은
언제나 아지랑이같이
어어이야 다만 아른거릴 뿐입니다.

하염없이
텅 빈 백사장 내려다보며
무거운 죄의 껍질을 벗겨 봅니다.

참회는커녕
사념만 무성해
벗겨도 벗겨도 속알이 없는
양파의 그것처럼
냄새 독한 나의 생은
어쩔 수 없는 것이리까.

욕망은 강하나 열기가 차고
신명은 절절하나 가락이 없는
나의 사랑은

내 사랑의 불씨는
다만 마음속에서
신기루처럼 떠오를 뿐입니다.
속알 없는 껍질일 뿐입니다.

님이시여!
어찌하리이까.

1990. 05.

SOS 파랑새

파랑새 바다는
머 - 언 바다
꿈만 꾸는 두전벽해

파랑새 바다는
바람이 불어도
파도가 일어도
모든 것을 아랑곳 않고
꿈만 꾸는 바다
진하게 멍들어도
구태여 표면은 고요한 바다

뜨락의 백화만초
모든 것을 다 버리고
파랑새는 언제나
등너머 사랭이밭의
녹두꽃만 그리워한다.

파랑새 바다는
꿈만 꾸는 두전벽해
그의 둥지는
언제나 비어 있다.

※ 두전벽해(豆田碧海)

1990. 10.

기다림 속에서

굳은 약속이 있던 어느 날
나는 집요하게
시간을 헤아리고 있었다.

일각 이각 착 - 각 여삼추
마디도 없이 이어져 흐르는
세월을 동강 내어 놓고
마디마디 시간을 헤아리고 있었다.

처음인지 끝인지
알 수도 없는 채로
증발되어 오르는
감정을 식히면서
총총한 이슬을 헤이듯
시간을 헤아리고 있었다.

끝내 무산된 약속
기다림의 무의미와 허탈을
입술 끝에 기꺼이 올려 씹으며
다시는 시간을 헤아리지 않겠다고
그런 아무진 다짐을 했다.

약속이
시지포스의 운명인 줄을 잊고서.

1990. 11.

남한산성에서

남한산성 높이 올라
내일을 본다.

아무것도 보이지 않는다.
희뿌연 스모그 안개 속에
아른거리는 현재만 있을 뿐이다.

그와 나의 존재는
그림자 없는 응달의 모습이다.

한 해의 마지막 날
끝시간의 언저리에서
조용한 눈비가 보라가 된다.

애절한 사랑의 곡조 -
아니 곡조 없는 사랑의
율동인가. 몸부림인가.

남한산성 높이 올라
내일을 본다.

보이는 것은 아무것도 없다.
겨우 느껴지는 것은
다만 아픔일 뿐이다.

1990. 12.

내 고향(2)

내 고향은 본시 무명하여
이름이 어둡다가
구미공단 등에 업고
발돋움인가 하였더니
유행처럼 붐을 탄
골프장 건설에 몸살이 크다.

삼년반을 지치고도
아직 여력이 남아
개인의 치부와 부정의 허욕이
봄보리밭 독새풀같이 무성하다.

금력이여
권력이여
민심이 천심이라
굳이 들추지 않아도
언제인가 갓끈 터지면은
역사가 응징함을 모르지 않으리다.

원컨대
내 고향의 소박한 꿈
부디 지켜 주소서.

1991. 01.

봄이 오는 길

(I)

아직은
봄이
남산마루에 걸려
넘어 오지를 않는다.

눈 녹아 물불은
계골 물소리나
보리논 푸르름이
이미 싱그러워 있지만
끼친 춘설 남은 산자락에서
불어오는 봄바람 날카롭기 여전하다.

서울에서 남으로
따듯한 남쪽나라로
새마을열차 부지런히 가는데
이별소식 못 전하고 가는 마음은
겨울 까치집이다.

아! 언제나 봄처럼
그녀 포근할까.
오는 봄볕에
겨울바람 녹아지듯
그의 향기 포근한 봄꽃이련가.

(II)

남쪽나라 보리밭 푸르긴 해도
아직은 겨울티 벗지를 못해
이랑골 우에마다 빛깔이 설다.

따스히 퍼지는 햇살 아래
산들바람 부는 속에
풋마늘 어린싹이 보드랍다.

아지랑이 꿈결같이 피는 들에
봄나물 향기 날리어 오고
양지쪽 산비탈 곳곳마다엔
진달래 어린 꽃봉오리
처녀 가슴처럼 부풀어 있다.

계절이 오는 길목에서
봄햇살 가득 싣고 올
한창 봄 - 한 봄
그날을 기다리고 있다.

1991. 03.

멍 에

어느 날
설씨 할머니는 말했다.
나의 자리는 그 누구에게도
절대로 물려 줄 수 없노라고

그의 자리는
황금으로 장식된
탐욕의 자리가 아니요
천하를 호령하는
권력의 자리가 아니요
영광에 빛나는
명예의 자리도 아닌
그의 자리는
절대 가난의 처절한 고통 속에
명 잣고 베 짜고 길쌈하며
넘던 고개, 보릿고개 하도 높아서
다람쥐도 한숨 쉬고 넘었다는
강원도 어느 산골살이 고생이
무명 · 삼베 옷자락에 덟개덟개 찌든
삶 -
그 제터, 곧 고통의 자리

세상 모든 이가
좋은 자리는 늘 차고 앉고
고통의 자리는 곧 넘겨주고
공은 챙겨서 따고

책임은 샅샅이 전가하는데

설씨 할머니 그의 자리는
다 살고 난 뒤에
굳이 발로 밟아 뭉개고 짓밟고
그렇게 돌아가야 한다고 했다.
고통의 자리는
자기만의 멍에라고

1991. 09.

공범자들

수미산 자궁사 가는 길
인생산 청춘길 모퉁이에
막 다 큰 돌감나무 한 그루
추풍에 흔들거리며
한껏 멋부리고 있었다.

막바지 가을 어느 날
까치밥으로 남은 땡감 하나를
산중과실 먼저 본 놈 주인이랍시고
그 길을 지나치던 젊은 사내놈이
한 입에 냉큼 반 잘라 먹고
입맛 다시며 시침 떼고 갔다.
그래도 미련은 남았을 게다.

그런 며칠 뒤
모처럼 산행 온 중년신사가
반 남은 반물리기 감을
웬 떡이랍시고
슬쩍 빨아 먹고
아쉬운 듯 돌아갔다.
그래도 여운은 남았던 게다.

그러고 저러고
댕그라니 남은 감꼭지에
겨우 붙은 한 점 물렁감
이 놈 저 놈 온갖 똥파리

쑤시고 짓무르던
늦가을 햇살 따가운 한 날

우연한 나들이에서
그것을 본 나는 군침 삼키며
감꼭지를 통째로 따서 핥아먹다가
꼬리 밟혀 옴팍 뒤집어쓰고

변명 못하고 곤혹 치르면서도
달싹한 맛 · 애통한 맛 · 허무한 맛
합해서 감질나는 맛 느끼며
지금도 내내 핥으려 하고 있다.

여전히 한 발 늦은 아쉬움과
미련과 여운은 남았다.

1992. 10.

새벽길

첫새벽 고속도로
달리는 차 속으로 스미는 찬바람은
여전히 겨울입니다만
봄의 느낌도 있습니다.

방퉁이산 우에
겨우 걸린 쪽박 달은
한 모퉁이 돌고 나면
시루산 우에 바가지 달로
가볍게 솟아 있습니다.

서산에
여명의 어스름 하늘에
기우는 달같이
굳게 맺은 우리 언약도
조각달로 지고 말까요.

배신 같은
속임 같은
그런 의심 속에
돋아나는 분노
정녕 이것은 애증
사랑 아닌 장난놀음인 게지요.

삼십년도 더 지난
가요반주 흐르는 새벽 차 속의
졸음 분위기는 깊어만 갑니다.
아무것도 명쾌한 것은 없습니다.

1993. 03.

옛 소식

(I)
벌 - 써부터
고향의 다정한 이웃
이웃으로 돌아 왔다는
옛 사람.

십오년 인연 끝의 이별
이별 뒤에 새로 들은
옛 소식.
우린
오자(五字)의 운명인가.

오학년 때 만나서
십오년 정 들이고
오월에 헤어지더니
다시 십오년 흘러서
오월에 소식 듣는 것은

지금은 남의 아내
두 아이 엄마로
중년을 사는
고웁던 그대.

이런 저런 소식 중에
어느덧 육년 한 자락을
내 떠난 고향에
오붓이 오늘을 사는 그대
참으로 등잔 밑이 어두웠다.

(II)

구삼년 오월사일
오늘은 과거의 날.
몰랐던 옛사랑 소식이 오고
입사동기 안부전화 그리고
미친 사랑의 괴전이 왔다.

스스로 이름하여
구삼오사절
뒤죽박죽 삼존불
소음인지 리듬인지
알 수가 없다.

혼음을 명쾌하게 가리던
지난날의 명석함은
판소리로 늘어진
탄식이 되었는가.

당길대로 당기어진
현(絃)의
굉음이 되기도 한다.

1993. 05. 04.

(Ⅲ)

얼거지고 설거진 경황 중
오늘 유시에 받은 옛 임의 전화
원숙함 말고는 옛대로 다감하다.

긴 날을 잊지 않았다는 고백
아쉬운 인연의 한탄과 회상
그리고 지금의 심경 토로와
앞날의 흐름을 조용히 예감한
정담의 시간은 짧지 않았다.

시집(詩集)에 대한 눈물겨운 독서와
이루지 못한 사랑의
변명 같은 반성으로
미묘함이 들끓다 못한 울먹임
마침내 범벅 중의 범벅
노오란 호박범벅이 되었다.

그러다 내다본 사무실 창밖
찬란한 노을로 채색된
비 개인 오월하늘을 보고는
울어야 할지 웃어야 할지
정작 알기도 전에
성큼성큼 어스름이 다가와
그 하늘 아래
온갖 네온사인, 가로등이
꽃불 천지의 천국을 만들고 있었다.

1993. 05. 13.

충주호 편감(片感)

배를 타고서
충주에서 단양으로
그때를 거슬러 가고 있다.

그 날은 반대였다.
단양에서 충주로
배는 같은 쾌속선이다.

아직은 추억도 못되는
지난 한 날의
꿈같은 -
끔찍한 사연을
태연스럽게 떠올린다.

같은 계절의
바람은
청량감마저 동류인데
지금 그는
혁명의 반기를 들고
불안한 올가미를 쓰고
잊은 듯 모르는 체
시계바퀴를 돌리고만 있다.

지금 나는
감정이 없다.

연하여 바뀌는 절경마다의
새로움에도
동화되지 않는 마음
진무 되지 못하는 가슴은
미움인지 - 미련인지
그 무엇인지 알 수가 없다.

분명한 것은
파기된 약속
그 용서의 길이
아직도 멀은 까닭인가 싶으다.

1993. 05.

산책길에서

동산 밑의 아침 해
반공에 떴는데도
아쉬워 뒤돌아
보고서 못가는 반달,
서녘 중천에 걸리어
흐린 눈물 흘립니다그려.

등지고 가는
명분 없는 마음엔
미련만 들끓어
갈등의 풍년이 되고
번민의 천지가 되고
홍분의 도가니가 됩니다그려.

마무리 없는 이별이
평행선이 되어
이해 못하는 심정으로
용서 못하는 마음으로
혼돈이 되어
의식은 요지경
요지경 세상이 됩니다그려.

1993. 09.

만 남

인생로 길모퉁이
빈터가 놀길래
삽으로 엎어내고
괭이로 망을 지어
새 땅 생땅이라도
땀 흘려 거름 넣고
사랑의 씨 뿌려
새싹 나거던
밤마다 비 맞히고
낮마다 햇살 쪼이고
주야로 바람 쐬워서
풍성한 열음을 예비함이라.

백일 정성들인 후에
꽃 피거든
벌 나비 불러서
합한주 한 잔으로 혼연을 베풀고
향기로운 밤을 보낸 연후
새벽에 열매 맺거든
이슬로 씻어내어
청순을 가꾼 후에
성숙의 고운 행복열매를
사시사철 거두어 냄이라.

1993. 09.

밀 애

언제나 나의 땀으로
꽃 피는 열정
나의 굵은 땀으로
날마다 흠뻑 젖는 너의 영육은
관능을 넘어서
꿈같은 황홀함이다.

가쁜 숨결 따라 흐르는
낯선 침상의 메아리는
영혼의 이슬인 양
창마다 두텁게 성에 되어 끼인다.

수은등 차가운 빛이
멀리서 다가와
끝을 모를 것 같이
가마솥처럼 끓던 열기를
차분히 식혀 내린다.

너의 꿈과 나의 바램이
엇갈린 현실로
물결처럼 밀려가고
더러는 밤안개처럼 보이지 않을지라도
이렇게 그렇게 길들여 가는 게다.

1993. 09.

엇갈림

늦었어도 지금
내, 아내를 사랑하려 하나
아내는 받으려 하지 않는다.
아니 받을 줄을 모른다.
그것은 X세대가 아닌
우리 세대의 경상도 여자
뻐덕뻐덕함 그 자체다.

돌아보면 십여년
사랑보다 고집을 따라
그냥 그럭저럭 일에 빠지면서
한창시절을 엉거주춤 보내고 말았다.

그래도 무너지지 않고 버티어
지금 여기까지 온 것은
그녀의 착함과 순박이
제일의 반석이다.

사랑판에는
나야 돌팔이
길들여지지 않은
털팔이 망아지였지.

늦게 철들고 사랑법 알아
내, 아내를 사랑하려 하나
연습이 부족한 아내는
거두는 방법을 모른다.
길들이는 방법을 모른다.

1994. 06.

사별(死別)

내가 그분들을
따를 수 없는 이별
내가 그분들을
찾아가 만날 수 없는 이별.

저승과 이승을
분명히 가르는 한 마디
죽은 사람은 죽었어도
산 사람은 살아야 한다.
그 외엔 더 할 수 있는 말이 없다.

죽음이 내게 주는
각별한 의미들.

그 옛날
할머니 돌아가심은
다만 두려움이었다.

그 뒤
어머니 떠나심은
말할 수 없는 충격이었다.

벌써
일주기로 돌아 온
통한의 유월.

박사장님과 자형의
연이은 세상 버림은
아픔, 그 자체였다.

문자 그대로
세월은 - 덧없이 흘러
지금은 한 봄
나무는 날로 푸르러 간다.

그러나 나도 이제
청춘의 여름고개를 넘어
장년의 가을길을 쉼 없이 간다.

바람 부는 어느 날
단풍잎이 떨어지고
찬서리 맞은 푸른 잎이 떨어지듯
백발청춘에
인생무상을 등짐 지고
머지않아 그분들의 뒤를
나도 곧 따를지나
만남의 기약은 추호도 없다.

1994. 06.

낙동강, 어느 여름날의 회상

(I)

기상관측이래
가장 무덥다는 올 여름
어릴 적 추억의 강가에서
오손도손 가족간에 텐트를 쳤다.

강은 낙동강, 이름은 옛 강이나
물이 그전답지 아니하고
산야는 의구(依舊)하나
모습이 변하여 옛 정취 아니어라.

백사장 변두리마다
떠내리던 거섶이나 등걸 대신
여기 빈 깡통 저기 병 쪼가리
즐비하게 흩어진 라면봉지들

밤들어 하늘을 보니
별자리 여전한데
강 건너 구미 쪽 아파트 숲에서
밤새도록 흐르는 불빛에
별빛이 무색하다.

길어도 삼십년 못되는 그 사이
어혈지고 멍들고
오염되고 숨 막혀서

물 안에 놀던 고기 무리도
오락가락 드물다.

(II)

사공요! 뱃사공요!
목 놓아 부르던
그 옛날의 나룻터

삿대 질러 강 건너던
수곡 내는 괴평나루
뱃사공 없는 날이면
모래밭길 걸어 올라서
돈 주고 건너던 강정나루

황금밀밭 지나가는
모래밭길 뜨거워도
꿈길 같던 초여름길

하마 다 자란
땅콩밭을 군침 삼키며
스치던 가을길

꽁꽁 언 땅에도

모랫바람 몰아치는
까마귀 떼를 지어
우짖던 겨울길

봄 나면 일찌감치
하천부지 일구어 씨 뿌리고
삼년만에 한 번
운 좋게 홍수 피하면
강동네 살림 족히 꾸리던
은혜의 낙동강.

실루엣 같이
안개 속 같이 구름 속 같이
낡아 색 바랜 기념사진같이
아득하게 겨우 보이는
추억의 고향, 그 옛날의 낙동강
지금은 진하고 분명한 회상으로
내 기억의 한복판을 솟아오른다.

(III)

한 동안 뒤돌아볼
겨를도 없이
지금들을 살다가 보니
그새 세월도 부지런히 흘러
내 아이 둘도
그때 나의 모습처럼 성큼 자랐다.

나의 기억은 자연 그대로
원시적인데
아이들의 훗날 기억은
무슨 빛깔로 남을까.

그런대로 변하는 세상
다른 모습대로
낙동강,
어느 여름날의 회상으로
그렇게 남아지겠지.

마귀의 도시
죽음의 강
오 - 온 산천 오물장
원시보다 못한 문명의 모습을
기억으로 떠올릴
두 아이의 훗날 추억이 애닯다.

※ 4대강 사업하기 10여년 전의 썩은 낙동강을 보고

1994. 07.

기다리는 가을

팔월에 벌써
우리는 가을을 기다립니다.

입추를 지나서가 아니라
기록에 없던 찜통더위라도
올 같은 찜통더위가 없었던 까닭에
우리는 가을을 기다리는지 모릅니다.

가물고 가물어
타고 갈라진 대지에
목마른 단비 아닌 원수 같던 태풍도
올해는 제발 기다리는 효자태풍입니다.

뒤늦게라도 고맙게 온 태풍 더그가
남부에 큰 비 주는 시원한 지금
이미 조락한 나뭇잎이
노랗게 단풍지는 때문에
벌써 우리는 가을을 느끼는지 모릅니다.

저수지 파고 댐 막고
지하수 관정 수없이 박고
쓸 돈 다 쓰고 할 일 다 해도
하늘의 은혜에 미치지 못함을 압니다.

비록 거둘 여물이 넉넉지 못 하여도
애 태우고 속 끓이기보다는
차라리 우리는 가을을 기다리는지 모릅니다.

1994. 08.

역지사지(易之思之)

성현들이 말하건대
마음의 척도로 자(尺)를 가지되
남의 잣대를 가지라 했다.

하나의 잣대는 나의 자
소인은 오로지 자신의 자만 가진다.
탓은 남의 탓이다.

둘의 잣대는 너의 자
평인은 나란히 상대의 자를 가진다.
탓은 조상 탓이다.

셋의 잣대는 그의 자
가인은 더불어 제삼의 자를 가진다.
탓은 하늘 탓이다.

넷의 잣대는 타인의 자
성인은 범상한 인류의 자를 가진다.
탓은 나의 탓이다.

다섯의 잣대는 신의 자
선인은 무량한 삼라만상의 자를 가진다.
일체 탓함이 없다.

우리는 적어도
둘 또는 셋의 잣대를
가져야 하느니라.

1994. 11.

늦가을 산행

청계산 높이 올라 돌아다보니
관악의 너른 품이
포란모계의 모습으로
과천을 안아 쌌다.

청계산 구비 돌아 비켜서 보니
관악의 큰 발치에
주마후족의 모습으로
안양이 펼쳐있다.

저무는 가을산마다 낙엽이란 낙엽은
모두 골짜기로 모여 쌓였는데
바람은 여전히 가을바람이다.

앞서거니 뒤서거니 청계사에 당도하니
절집 인심 후하여 아사공덕 베푸는데
공양은 사양하고
떡 한 조각 물 한 모금에 허기를 지우니
그 맛, 꿀맛을 웃돈다.

아옹다옹 인생사
낙엽 따라 산골로 바람 따라 하늘로
휭-하니 사라져가니
아내불 즉 현존불이기에
굳이 반야심경 몰라도 좋다.

※ 아내불 즉 현존불(我乃佛 卽 現存佛)

1994. 11.

귀로에서

가은을 스쳐 서울로 가는 길
선유동계곡이 발길을 잡는다.

신선이 놀던 암곡(岩谷) 너럭바위
틈새로 새는 찬바람에
올 여름 시원함을 미리 느껴 즐기니
때가 비록 늦겨울이어도
춥지 아니하다.

청천으로 넘어가는 고갯길
비포장 진흙길 돌아 넘다가
미끄러져 무심결에 뒤돌아보니
산이란 산은 모두 삼각산
태산병풍이 백설에 묻혔는데
밝은 밤빛 하늘에서
눈송이 사뿐싸뿐
더러는 둥실둥실 휘날려 온다.

쌍곡계곡 구비마다 기암절벽
천길낭떠러지, 그 아래
방굿돌 드러누운 발꽤기 서리마다
고목나무들 젊게 서 있다.

청풍청기 요산요수 낙원이 어드멘가.
무릉도원 좋다 해도
이 자연에 비할 건가.
차마 발걸음 떨어지지 아니한다.

1995. 03. 03.

귀경길

달 같은 저녁 해는
구름 한 두 자락 잘라 물고
서산위에서 한두 뼘, 키 재기를 합니다.

연휴를 고향에서
먼 날을 위하여
팔다리가 저미도록 일하고 돌아가는 길,
서울의 내 집까지는
붐비는 고속도로 체증이 길어
평시보다 두 배나 먼 길입니다.

휴식을 꿈꾸며 고향으로 들지만
몸은 언제나 피곤한 채로
객지의 망부석이 되는 것은
경쟁시대 어쩔 수 없는 일상인가 봅니다.

서슬푸른 성하의 녹음은
황혼이 깔리는 산언저리 마다서
밤빛 보태어 무게를 더 합니다.

언젠가는 돌아가야 할 고향을 뒤로 하고
정체의 비좁은 길을
한 바퀴 두 바퀴 서울행 버스가 가는데
스치는 대전의 밤은 벌써부터
형형색색 불꽃잔치 벌이고 있습니다.

1995. 07. 17.

상 산(上山)(1)

깊어 가는 가을
분망한 가운데 틈을 내어
동고하는 친구들과 등산을 가다.

먼 길을 돌아가는 노년기 민둥산
언덕발치 자갈밭마다
옥수수대 세워진 빈 하늘에
북국의 찬 가을바람 스치우니
풍요보다 황량감이 앞선다.

그래도 가을산은 고운데
울긋불긋 아름다운 풍광보다
아그배, 밤따기에 더 바쁜
예의 친구들 보니
삼십 수년 전 내 어린 날 추억이 설핏하다.

별안간 어디선가 숲 속에서
염소 떼 울음소리 들리더니
이윽고 무리지어 하산하는 모습
마치 초등학생 가을 소풍길 같으다.

오늘 등산은
마음의 양식을 구하는 나와
육신의 먹거리를 구하는 그들 사이에
다른 두 의미가 있었지만
즐겁고 기쁜 것은 매 한가지였다.

1997. 10. 하

객 정

요녕성 본계현 북녘 땅에도
가을밤 싸늘하게 깊어 가건만
객지의 맺은 인연은 다정도 하다.
포장마차 주막집 화롯불 가에
도란도란 정겹게 둘러앉아
양육어육 꼬치구이 편편을 셈하여
한 잔 한 잔 또 한 잔
주고받는 술잔 속에 빠진
설익은 대화들
그래도 마음은 포근하여
고향의 밤만 같으다.

客 情

北方遼寧本溪地 深秋的夜冷風吹
多情客地來結緣 路上酒幕火爐傍
團團圍座敍眞情 烤洋魚肉片片串
一杯一杯復一杯 沈在你我勸酒中
用未熟語來對話 但我們同有溫情
如同一樣的故鄕

한국 서울 청원종묘주식회사
영업부장 변 우 택

1996. 10. 15.

情

楓葉紅時安邉來 韓中融水挽情懷
嚴肅認眞披星月 播種春光生面開
今日已越寒霜降 千枝落雨勁芬芳
竝蔕花蕊情相印 春風再渡玉門關

정

단풍이 붉게 물들 때 오신
변 부장과 안 선생
한중의 감정을 물같이 녹여주시네.
달빛이고 별빛 지고 새벽부터 한밤까지
엄숙하고도 참된 모습으로
춘광에 새 씨앗을 뿌려주셨네.
오늘 어느 덧에
차가운 상강이 되었어도
천 갈래 내리는 빗줄기가
향기를 품어 내리듯
송이마다 알알이 꽃다운 정 남기니
봄바람 또 다시 옥문관에 불어오리라.

中國本溪 春光種子有限公司
總經理 富 庚 興

1996. 10. 20.

후회하지 않으리

철없는 나 - 의 인생 버려두고서
그대 떠나가야 한다면 떠나가야 한다면
유수같이 지난 세월 모두 챙겨서
추억 한 점 남김없이 보내 주리다.
아 - 잃어버린 내 청춘 후회하지 않으리.

말 못한 채 타는 심사 외면하고서
그대 떠나가려 한다면 떠나가려 한다면
꿈결같이 보낸 세월 모두 거두어
기억 한 점 남김없이 보내 주리다.
아 - 한 많은 내 청춘 후회하지 않으리.

※ 대중가요 가사로 지음

1998. 09.

의암호를 돌면서

모두들 돌아가 삭막한
빈 낚시터의 넓은 물위를 지나
삭풍(朔風)에 앞서
늦가을 찬바람이 가닥가닥 엮이어 온다.

자주 부는 바람에 흔들리는
차가운 물속의 나무그림자들도
이미 단풍의 고개를 넘어섰다.

입동 갓 지난 겨울문턱에서
빙점을 향한 마무리와
죽음의 계절에 대한 준비로
몸부림 부산하여도
아직은 내 가슴 뜨거운데
나에게는 여전히 날
따스히 사랑해 줄 사람은 없는가.

그냥 이대로 여남은 계절을
애태우고 기다리며
그렇게 살라면
산다는 게 어쩌면 무의미의 몸짓이리라.

물 가운데 홀로 앉은 중도와 같이
외롭게 속 태우며 긴 날 지운 눈물로
공지천을 채우긴 싫어
참사랑의 이름으로 부를 수 있는
그런 - 그런 사람이 그립다.

1998. 11.

머리 나쁜 도둑

어쩌다 IMF구제시절 맞아
말도 많고 탈도 많고
고생 또한 많은 어려운 때라지만
우등열차 객실 짐받이에 둔 돈 없는 내 가방
그래도 재산목록 더미를 송두리째 가져간
이상한 도둑이 있었다.

차마 돈 든 가방을 그렇게 두었을까.
수 개의 통장 · 도장 그리고 전자수첩
사슴농장 설계도, 비용정산서, 컴퓨터 디스켓
그것들이야 또 만들면 되지만
그에겐 한낱 휴지조각이나
나에게 소중한 시작노트(95~98년)
아뿔싸! 그것이 없어졌다.

때마침 시심이 일어 가필하고자
지니고 다닌 지 며칠 안 된 사이에
스무 편 나의 인생사가 사라졌다.
부디 돌아오길 기다리지만 헛일이기 십상이지

주말마다 귀향하여 열심히 일 하고
고단하여 지친 몸 열차에 싣고
한잠을 자고 나면
언제나 수원인 것을

그 날도 수원에서 눈을 뜨고 보니

내 가방이 없구나.
멍해진 나에게 건너편 아저씨 왈
그 가방 평택쯤에서 내린 사람이 들고 갔다네.
신고는 형식이고 가방은 오리무중이다.

그 후로부터 나는 울며 겨자 먹기로
비싼 새마을호를 자주 탄다.
비싸니까 도둑 없어 안심은 안심인데
그래서 모두 부자 되기 바라는가 보다.

1998. 11. 어느 일요일

그날이 오면

그날이 오면
그곳에 가서
만나고 싶은 그 사람
그런 사람이
지금 내게 있는가.

간혹
더러는 없지도 않지만
가슴속 절절하게 일생을 두고
존경하고
사랑하고
친하였던
그런 사람이 진정 없어라.

그 날이 오면
그 곳에 가서
만나고 싶은 첫사랑이야
내게도 있었지만
지금은 그 날이 없다.

그날이 오면
그곳에 가서
만나고 싶은 그 사람
그런 간절한 추억이 없으니
내 삶의 가치와 존재의 의미는
이제 무엇을 바라겠는가.

1998. 11. 10.

봄낚시

생거진천 백곡 저수지
그윽한 골짜기 오월
맑고 푸른 물가에
오동나무 오동동 꽃 핀 가지
보라색 고운 하늘이 넓다.

아침햇살 따라서부터 온종일
진한 향기 뿌리고 나다닌다.
코끝을
가슴속을
정신이 몽롱하도록 휘젓고도 모자라
한 땀 한 땀 부는 바람에조차
말초신경 몸살이 나게 한다.

자잘한 물결 위를 구름처럼
짝 못 짓고 떼 지어 떠다니는
오동나무꽃 생화분의
억울한 속사정이 서럽다.

안 되는 낚시질 염증 나기에
피리낚시로 짜릿한 손맛 보고야
애꿎은 삼겹살 구워 포식을 하고
오동나무 그늘아래 낮잠까지 거치니
백곡저수지 물가 터는
천하제일 낙원이로다.

1999. 05. 09(일)

지성의 길목

아직도 나의 성찰이 서툴러
사십의 중반을 넘고도
내 아픔의 뿌리를 몰라
서성이며 방황하고 있으니
이제는 더 이상
지성인이 아니다.

지식의 책갈피를 조금 갖고 있다 하여
우쭐대며 거들먹거린
지난날들이 슬프고도 애닯다.

언제나 주변을 맴돌며
삶의 중심 속으로는 제대로
들어가 보지 못한 채로
꿈만 꾸면서 동경하면서
참 행복마지 못한 나는
불감증만 전신으로 번져
슬퍼도 슬픈 줄 모르고
기뻐도 기쁜 줄 모르고
운명의 올가미에 걸린 탓인 양
다만 속만 상해 할 뿐이다.

이제는 더 이상
지성인이 아니다.

1999. 06. 01.

상 산(上山) 2

본계땅 소시 관음산 오르는 길
앞길이 얼마 아니어 뒤돌아보니
온 길이 내 살은 만큼 멀다.

오늘 내 삶이 고단하여도
그 새 집 걱정 대단하여도
이미 구면인 예의 새악씨들
따듯한 친절과 깊은 관심에
객고를 씻는다.

낙엽송 노오란 단풍
우수수 한 줄기 바람에
눈같이 날리는 사이로
소시진의 거리와 관음곽댐이
한 눈에 선 듯 다가선다.

그들과 나
서툰 대화 - 깊은 정에
구름 속 꿈나라 왕자-선녀이던가.
요동 소시진의 한 가을이 무르익는다.

1996. 10. 11.

우윤형의 죽음에 부쳐

태풍 올가의 위력보다
기상점쟁이 굿장단이 더 소란했던
사흘간의 푸닥거리도
우직하고 고집 드센
종가집 아저씨의 멍든 가슴만이야 하랴.

조실 상처에 두 아들 앞장세우니
비심통흉(悲心痛胸) 그것이야
먼 나라 남의 일이 되어버린 지도 모르는 일
끌 자식 잘 키우려다
패가망신살 뻗치게 된 격이니

자식이란 다 한가지라 캐도
꼭 그런 것만은 아니라도
품안에 든 아흔아홉마리 양의 근심
그 의미를 알았더라면
차마 그를 앞세우지는 않았을 것을

옳고 그름을 시비하는 것도
모두 살았을 적 이야기
답답하다 - 애닯다 하며
오는 사람마다 집 무너지도록 한 숨 쉬어도
별 수 없는 끝난 일이지.

누구나 다 언제 가도 한 번은 가지만
일찍 그 길을 선택한

무능하고 미련한 바보 형이 불쌍하고
여남은 처자식만 애닯을 뿐이다.
물론 산 사람이야 다 살게 마련이지.

너무 억울하고 분하면
눈물도 안나오지
별 수 없으니 다만 멍할 뿐이고
무력감이나 씻어내라고
눈물 대신 추적추적 비가 오는 게지.

1999. 8. 상

봉평 효석문화제

음력 칠월 보름
봉평의 흐린 날 밤
언듯언듯 터진 먹구름장 사이로
작은 달무리 목걸이 하고
나들이 나선 하이얀 달빛 수줍은 달
소금보다 더 흰 눈꽃같이
만개한 메밀꽃밭 밤길 위를
고요히 조심스레 산책하는데
어울리지 않게 괄괄대는
축제음악소리 유난하여
재현 물방앗간 덩더쿵 소리조차
오히려 숨 죽여 조용하다.

십년 넘어 다시 찾은
두메나 산골 봉평땅
가산의 생가 터에조차
TV녹화로 숨 막히고
효석문화 행사장 거리에는
장사치와 손님의 홍정이 숨가쁘고
개발이 보존보다 더 편한 까닭에
오솔길은 대로가 되고
시내의 징검다리대신 큰 다리 놓이고
이렇게 모두 바뀌어
옛날 산골 말구루마 몰고 가던 그 때
그 시절의 정취는 이제 느낄 수도 없구나.

옛터에서 새로 본 십육미리 영화
"메밀꽃 필무렵"
겨우 그것만이 까마득히 잠재되었던
내 어린 날의
가설극장 추억을 회상케 한다.

이렇게 변한 효석 선생을 만났음도
그나마 다행이런가.
다시 피운 메밀꽃의 의미는 무엇이던가.

1999. 08. 26.

단동에서

깊어 가는 가을 맑은 날
잔잔히 흐르는 압록강을 사이 두고
마주한 땅의 하늘빛이 서로 다르다.
단동의 하늘은 밝은 쪽빛
신의주 하늘은 흐린 회색빛
개방의 차이가 하늘빛을 바꾸었다.

끊어진 압록강대교 끝 발치에 서서
다시 또 바라다보는 나의 조국강산
강 건너편에 오가고 서 있는 사람들
분명 내 동포 내 형제이거늘
정감보다는 섬찟함이 앞서는 까닭은
서로 엇갈려 있는 이념의 탓이리라.

뱃전에 쭈그려 앉아
푯대 없이 담근 강 낚싯줄에
매달려 떠도는 배고픈 고통과
텁수룩한 수염에 부황진 노파가 삼키는
군침의 의미를 김정일 그대는 아는가.
멀리 보이던 붉은 글발 지금은 어디로 갔나.
"위대한 주체사상" 허울은 좋다마는
인민의 배고픔을 누가 아는가.

여기저기 잔칫집 폭죽 터지는 소리
요란하고 활기 넘치는 단동의 강 언덕에서
잠자는 도시 신의주를 한동안 바라보다

긴 한숨 몰아쉬며
다소 흥분하고 긴장하는 나를 보며
소감을 묻던 중국인 동행이
오히려 나를 위로한다.

북한 땅 변경의 초췌한 모습은
혹시나 하고 찾아온 나의 관심을
총칼 없이도 무너지게 한다.
깊어 가는 만추의 서글픔보다
더 큰 아픔이 되게 한다.
나의 애국심을 불타게 한다.

1999. 10. 16.

제 5 장

2000년대

새 천년 해맞이

새천년 · 새시대 · 새해 · 새아침
장엄하게 솟아오르는 홍조의 원만
조용하고 웅장하게 화려하지 않게
모남없이 너그러움에 눈이 부신다.

고향의 앞동산마루에서
내 추억의 자리인 꿈의 농장에서
사슴들과 함께
우리 가족 모두 모여
조금은 떨리고 흥분된 마음으로
팔공산과 유학산 사이 등성이를 넘어오는
정성덩이 첫해를 고이 맞는다.

사슴의 맑고 고운 큰 눈동자처럼
옛 천년 구시대의 해묵은 상처 딱지들을
일체 떼어버리고서
더러는 남는 아픔 있을지라도
상기롭게 수정처럼 깨끗함으로
새 마음의 나래를 고이고이 펼쳐봄이다.

힘차게 치솟는 폭죽탄의 비상을 따라
솟아오르고 발산되는 빛처럼
정제된 마음이여 솟아올라 피어라
새 새벽 새 하늘 높-이 높이
꾸겨졌던 내 삶의 주름을 능히 펴게 하여라.

2000. 01. 01.

우리나라 좋은 나라

몹시도 가문 끝에 오는 장마 단비
오수 단잠을 깨치고 마중을 나간다.
처맛물 낙수 지는 소리 야단스러운
천둥 번개 동반하여 오는 소낙비가
산성비라도 좋다 단비는 맞고 싶다.

옛날 같으면
논밭이 쩍쩍 갈라졌으련만
다목적댐 · 저수지 · 지하수
수리시설 좋은 까닭에
지지리도 고생스럽던 물대기
농사일도 그 만큼 수월해졌다.

비 그친 한강 둔치에서 보는
서울의 깨끗한 유월풍경과 어우러진
황혼의 깊고 짙은 수려한 노을이
비단결같이 곱게 주름지는
수천 겹 물고랑 자락자락 속을
사랑같이 스며든다.

우리나라 좋은 나라
좋아도 참 좋은 나라
물 부족 국가로 걱정은 되지만
지진이 심한가 사막화 되는가
가뭄 · 홍수 그만하기로 천만다행
치산치수 부국강병 산림녹화 덕이로다.

2000. 06. 30.

정방폭포

하늘이 내리시는 밀가루 세례인가
뽀오얀 포말의 백분 무수로 내려
수천만을 먹이고도 수수만년
그러고도 남을 영혼의 양식

천상의 베틀에서 풀어지는 비단인가
모시옷 명주공단 필필이 내려
수천만을 입히고도 수수만년
그리고도 남을 영혼의 의복

그 옛날 승천한 해룡의 귀환인가
저 높은 곳에서 드넓은 바다 깊은 데로
기세 좋게 날아와 쉬어드는 영혼들의
미완의 회귀인가.
윤회의 반복인가.

뉘라서 마다하랴
속살 아찔한 정방미인 우아한 자태
사람마다 즐겨 찾아 사시사철
날마다 성가시게 사모하여도
언제나 가벼운 몸짓으로 화답하도다.

2000. 07. 하순

비행기를 타고서

이불솜 타서 펼쳐 놓음인가
만년설원에 새로 내린 눈꽃인가
희디 흰 뭉게구름 - 양떼구름 새털구름
구름 아래 구름 · 구름 위에 구름
후박심천 겹겹이 천층만층 구만층

자욱하고 아득한 구름바다
운평선 넘어
장엄하나 고요히 지는 해의
저리 고운 모습 본 적이 없어라.

요원의 불꽃보다 황홀 장대한
그 강열한 아름다움으로
좌우 천리도 넘게 날개 단 황혼마차가
내 탄 점보기 양쪽 큰 나래를 무색케 한다.

핑크빛 망사구름 아래와
요지부동의 운산 위를
바람타고 오르내리며
시시각각으로 변하는 천상의 구름도술에 취해
황혼마차를 타고
나는 꿈속을, 천국의 길목을
날아다니는 환상에 빠진다.

2000. 07. 하순

고랭지의 초가을

고랭지 대기리 일천고지
산골 물소리 소란스러운데
아가씨 내다주는 산집의 생수가
하마 목이 시리도록 차가웁다.

끝을 모르고 푸르러 가던 녹음도
그 새 다소 누른 빛 돌고
더러는 노오란잎 병든 잎
일찌감치 떨어져 엉기성기 흩어진다.

가을의 첫 신호등 갈대꽃
흐드러지게 핀 도랑섶 그 둔덕 위에
억새꽃도 따라 피어
높아만 가는 가을하늘 낮은 듯
키 자랑에 하늘거림이 사랑스럽다.

선들바람 성큼성큼 서편 언덕에서 오고
이름 아는 들꽃 이름 모르는 산꽃 모두
산집 강아지 철없이 짖어대는 소리 소리에
졸던 잠 깨어 수줍은 듯 다소곳 웃는다.

아! 어느 새 또 한해 저물어 가는데
내 고향으로 완전 돌아갈 날 언제인가
차라리 고해가 없을 듯한 이 산촌에서
오랜 날 동안 피곤함을 쉬며 살까나
정 들면 매 한 가지 고향이라 카이.

2000. 09. 07.

서울밤의 한탄가(恨歎歌)

시골에서 기차를 타고
늦은 밤 서울 도심으로 들면
살아 있는 건 오로지
수많은 간판 그 가운데서도 네온사인
혼을 쏘-옥 빼가는 현란함도 이제는 시들해 지려나.

외환위기 지났다고 선전하더니
고유가 시대 도래하여
천정부지 솟구치는 세금 · 물가 자락을 잡고
덩달아 전기요금 또한 용솟음친다 하니
네온사인의 현란한 향연도 이제는 시한부 생명 아닌가.

간판 아래 붐비는 젊은 것들
니 아 내 아 할 것 없이 철없다 해도
제 아비 애미 등골 빠지는 줄 모르고
나라살림 어려운 것 다 아는 척해도
3D업종 그만 두고라도 웬만한 어려움도 참지 못한다.

세상이 달라졌다고 시대가 달라졌다고
세월탓으로 자위하지만
그 세상 그 시대는 누가 만드는 것인가.
살만한 세상 즐거운 시대 만드는 것은
돈보다 도덕 · 인정 · 신뢰 · 도리의 회복 아니던가.

사랑 사랑하지만 에로스뿐이고
어버이 어르신 다 죽고 신도 죽었다.
계집 사내 가쁜 숨소리로 늘어만 가는 러브텔
요조숙녀도 없고 꾸냥도 없고 현모양처도 없다.
돈 좋고 쾌락 좋고 한 순간 만족이면 사랑이란다.

2000. 09. 27.

이율배반(二律背反)

처음과 같이
이제와 항상 영원히 아멘
언제나 변함없는 영원한 사랑
그런 영롱한 관계는 없는 것인가.

변하지 않으면 죽는다
변화를 위한 꾸준한 노력
그것이 없으면 적자생존은 없다
그런 참신한 혜안은 없는 것인가.

언제 변하고 언제는 일상 같아야 하는지
무엇이 변하고 무엇은 한결같아야 하는지
뉘라서 능히 천기를 알까마는
요행 같은 선택이 다행한 운명이 되어 인생이 변하거든

때로는 하늘이 고루어 준다지만
고단한 내 마음의 외로움병은
스스로를 살필 수 없는 타고난 고질병인가
사주팔자에 끼인 어찌할 수 없는 역마살 탓인가.

이 패망도 선택의 결과이면
마음이 항상 몸을 떠나 있는 것이야
돌이킬 수 없는 자충수
선택받은 자는
그렇지 못한 자의 아픔을 알 리가 없다.

2000. 10. 15.

사람은 사랑입니다

꽃은 향기입니다.
사람은 사랑입니다.
향기 없는 꽃처럼
사람에게 사랑이 없다면
산다는 것은 무위의 몸짓으로 허망함입니다.

시로 다른 향기와 색깔을 내는
무수한 꽃의 이름처럼
사람의 수도 무한으로
사랑의 빛깔과 향기를 헤아릴 수가 없습니다.

참되고 영원한 사랑의 꿈은
누구나 소망하지만
꽃의 향기가 길지 않듯
그런 사랑은 아예 있지도 않습니다.

아름다운 꽃의 사계절에
무서운 비바람 몰아치듯이
꿈같이 포근한 사랑의 뒤안에도
위태함이 있음을 모르는 바 아니지만
나는 언제나 잊어버리고
남은 생애에 단 한 번만이라도
꽃같이 향기로운 그런 사랑을 꿈꿉니다.

꽃은 향기입니다.
사람은 사랑입니다.
향기 없는 꽃처럼
사람에게 사랑이 없다면
산다는 것은 무위의 몸짓으로 허망함입니다.

2000. 12. 06.

올 봄에 필 망쪼꽃

올 겨울같이 눈 많고
몹시도 추웠던 기억 많지가 않다.

염소 사슴 등 잘 키우던
집짐승도 더러 폐사하는 마당이니
용케 살아남은 산짐승들 먹을 것 없어
목숨 걸고 마을로 내려와 구걸을 청하는데
기회랍시고 그걸 노린 밀렵꾼들
비정하고 야비하다며
매스콤탄(彈)에 매우 맞는다.

천재지변이라고 유비무환이라고
혀 차고 넘기기에는 답답한 또 하나는
정월과 이월 두 차례 내린 큰 눈 탓에
웬만한 농가 비닐하우스들 여지없이 무너져
올봄 농사 접고 빚만 남았다고 울상인데
정부의 대책은 졸속행정
늑장걸음만 하니 아하 큰일이로다.

올봄에 무너진 하우스에 망쪼꽃이 피겠구나.
사람들은 일상 못 보던 꽃이라
길조의 화신이라고 좋아할지도 모르는 망쪼꽃
누구를 원망하랴 못난 내 청춘 하고
탄식하는 농민이 이 땅에 없어지는 날엔
우리 모두 굶어 쓰러지고 죽어도
공평하니 이런 걱정은 없을 것이지

오는 봄이 두렵다고 망연자실해야
서러운 것은 농사꾼의 돈 없는 설움뿐

2001. 02. 20.

타국에 오는 비

장마 중의 일본
보슬비 오는 나라(奈良)
소낙비 쏟아 지는 오사카(大阪)
비안개 자욱한 바다 가운데 칸사이(關西)

예전에 이 비를 목마르게
기다린 적은 무수히 많았어도
이미 흠뻑 젖은 섬나라에
부질없이 오는 비가
이렇게도 부러운 적이
부러운 적이 없었다.

오랜 가뭄 끝에
산천초목도 시들한
지금의 나의 조국은
가뭄내책 부산함이 소란스럽다.

그래도 치산치수 큰 덕에
예전보다 비할 바 없이 좋아진
내 고향은 그럭저럭 아직은 안심인데
조강한 끝에 사람조차 마르니
시간 시간마다 방송되는
타국에서의 일기예보에조차 관심이 크다.

좀체로 북상하지 않는 장마전선
언제나 올라가려나. 한반도 내 나라로
그 기다림이
아니 올 옛 임 기다림보다
더 가슴 타고 속 타는 기다림이다. 2001. 06. 14.

성수 아지매 돌아가신 날

아지매 쓰러 졌다 이틀만에
돌아 가셨단다.
동짓달 스므나흗날 한 많은 삶을 거두셨단다.

그렇게 어우러져 살던
한 세대가
서서히 막을 내리고 있음이다.

내 어릴 적부터 이제까지
안녕하시냐고 묻는 인사에
「오오냐! 오냐」 하시면서
한결같이 특유의 웃는 모습으로
언제나 반가이 맞아주시던 아지매

일생 일하느라 쉬지를 못하고
여럿자식 있지만 모두 펀치를 못하여
아들자랑 대신 고만 고만한
외딸 자랑으로 위안을 삼던 아지매

부족한 남편 만나
일 고생 마음 고생
박복하다 한탄하던 아지매 - 아지매
노년에도 언제나 한숨만 몰아쉬시더니

밤낮을 가리지 않고
우리 집에 놀러오시더니

한창 때 노랫가락 목청도 좋으시더니
이제는 못 오시네.
더 이상

우리 집 나들이 못하시니
심심하여 어찌하나.
저승에서도 동네나들이는 하시겠지.
한 많은 한 세상
그럭저럭 마침표를 찍으셨구려.

그러한들 마지막 가시는 날
하는 일이 뭐 대단하다고
내려가 배웅하지 못하였으니
무거운 마음, 송구한 마음
내 굳이 말해서 무엇 할 것인가.

2001. 12.

어매, 그대 손이 차네 그려

연일 밤마다 새벽마다 오더니
눈 대신 겨울비가
마침내 낮에도 차갑게 내린다.

어매, 그대 손이 차네 그려
이 겨울비처럼
이런 때에는 따스한 내 손이 필요하지.

버려두고 차마 모르는 체하는
그런 파렴치는 아니지만
바쁘다는 이유로
손이 시리도록 살림하는 그대의 고생을
일일이 챙기지 못하는 미안한 맘 왜 없겠는가.

비록 동의하지 않은 그대지만
어찌하겠나.
굳이 내 선택에 따라 가는 인생길
부창부수라고
못마땅하여도 얼마간은 이해하고 살아야지.

해도 해도 너무 한다는 생각보다
저러고 고생하는 꼴이 가엾다 하고
지친 나를 위로해 달라면
손이 시리도록 힘들게 살림하는 그대에겐
과한 욕심이겠지.
하지만 이 고생도 곧 그치는 겨울비같이
언젠가는 개어져 해맑아질 것임을.

2002. 01. 20(일)

정동진에서

산 위의 큰 배를 타고서
한없이 변해버린 정동진을
애써 외면하여
가깝고 머언 바다를 본다.

천만년을 두고 주야로
한결같이 뭍으로
뭍으로만 내달아온 파도.

욕망처럼 드세게 바람 부는 지금
더욱 기세 있게 부추김 해보지만
소금 같은 포말만 깨어진 꿈 조각처럼
모래밭에 무수히 남긴 채로
결코 작은 산 하나도 삼키지 못하는 바다.

그래도 포기할 수 없는 간섭
그것은 - 그것은 다름 아닌
간절히 소망하는 아우성이거나
최선을 기대하는 몸부림이지만
진실로 그 속내를 알아주는 이
그 누구도 없다.

2002. 04. 07(일)

삼척 소달 늑구동에서

삼척 하장 입향조의 대망을
이백사십여년 흐른 작금에 깨우쳐
입향대의 영세불망 금석입비 구석물
건영음택 새 단장하고 나니
축복인가 가물던 날에
촉촉이 새벽부터 단비 제법 내린다.

한 시름 거두고 나니 또 한 시름
입향조의 두 손자 모두 실묘인가.
하장 귀대곡에 홀로 계신 할머니 외롭다 하여
소달 늑구동 산천에 계시는 휘현삼 할아버지
오십여년 벼르고 벼른 끝에 굽이굽이 찾았다.

산천이 우거지고 산소 돌보아 주시던
이씨 아저씨도 여섯 해 전 돌아가셨다네.
십육세 청년시절 다녀가
알만하다던 정선 근중형님조차
오십여년전 기억이 흐릿한지 도무지 못 찾는다.

비 내리는 산록
가시밭, 솔밭을 오르내리며 찾고 찾았건만
할아버지 산소는 어디 계신지
오기만 하면 바로 찾을 것 같던 기대와 달리
실묘…, 실묘라니 생각만 해도
공허함이 가슴을 방망이질한다.
허탈함과 멍뚫림이 이 같을 수도 있던가.

오늘은 이냥 돌아가지만
해맑은 날 곧 다시 돌아와
온 마을 노인 다 모셔다가
불고기 파티라도 하면서
이 속내를 다 말하고 수소문하여서
반드시 찾고야 말리라. 할아버지 산소

※ 三陟下長入鄕祖 諱希建은 始祖大隱公의 14世孫
諱希建의 孫子(諱賢三(初諱 : 太成) · 諱華三)은
始祖大隱公의 16世孫

2002. 04. 06(토)

부채춤

알록달록 범나비
청산 범나비
한 마당 벌이는 무용굿
호접군무 아름답다 하여도
홍안 소저 고운 부채춤에 비기랴.

사뿐사뿐 가벼운 나래질
부끄러움에 더러는 퍼덕이며
어디론가 멀리 날아서 갈 듯
조심조심 외면도 해보건만
수줍음 감추움이 마음 같지 못하여라.

맴돌며 빙글빙글
물결처럼 일렁이며
숨었다가는 다시 솟아오르며
샘솟는 신명을 지울 길 없어
이윽고 그리움 간절한 눈빛
배꽃 같은 미소에 실어 보낸다.

아씨 아씨 새악씨
범나비보다 더 고운 새색씨
여기 그대를 부를 향기로운 꽃 한 송이 있네.
앗 - 뿔 - 싸 애닯게도
곧 질 꽃이라 하여 푸대접은 마시구려.

※ 강동구청장 취임 축제에서
2002. 07. 02.

광나루의 여름 아침

게릴라성 호우주의보가 내린
아침 일찍부터
남서풍 거칠게 부는 광나루 뻘밭에
무성히 자란 갈대숲을 헤치고
갓 피어 오른 갈꽃 새 이삭들이
열풍(颲風)에 속절없이 쓰러진다.

선잠 덜 깬 채로
아침운동 나선 벌거숭이 생명들이
풀섶 사잇길을 바쁘게 돌아다니고
출렁이는 황토강물에
뗏목처럼 바지선은 근심스레 떠 있는데
그 위를 바쁠 것 없는 비둘기 구구 대며
아차산과 키 재기로 부산하다.

무엇인가 호흡이 맞지 않는
불균형의 흐름 속에
햇볕 없는 새아침이 낯설게 다가온다.

문득 원시시대의 모습이 피어오른다.
그러나 자연은 아니다.
족속들 - 원시인 같은 족속들이
간 밤새 먹고 마시고 몸살 부리고 간 자리에
빈 병과 넝마조각들이
찢어진 영혼처럼 거친 바람에 나뒹굴고 있었다.

광나루의 여름 아침이 혼돈 속에서 일어나
기지개를 켠다.

2002. 08. 04.

은행나무의 가을

그나마 가을햇살 온기 아래
여유롭게 물들어 가던 은행잎
하룻밤 된서리 시린 찬바람
이따금 부는 하늬바람결에
아직도 푸르딩딩한 잎새마저
우수수 떨어져 낙엽 되어 내린다.

시작과 마침의 때를 아는지
빙점의 한계를 분명히 예감하고
구질구질한 미련 없이 깔끔하게
한해의 삶을 마무리 짓는
절제된 은행의 생명력은 천만년 길다.

노리고 붉은 단풍이 다 들고도
아쉬움에 발목 잡혀 매달린
느티나 버즘나무의 구차한 미련보다는
아직도 푸른 잎새 과감히 지우며
겨울나기를 위해
한해 내내 수놓은 노랑무늬 이불을
일찌감치 겹겹이 덮는다.

2002. 11. 초

저무는 사십대

불혹을 지나 삽시에 저문 망오
그리고 바람처럼 다가오는 지천명
항상 젊을 줄 알고
언제나 그때인 줄 알고
욕심이라 해도 할 일은 태산 같은데
뒤돌아보며 지난날을 헤아리면
나도 어느새 인생의 후반부를 걷고 있다.

행복이 무언지
늘 추구하면서도 누리지 못한 채로
잰걸음만 걷다가
한 세대를 훌쩍 넘고
또 한 세대를 보태어 살아도
행복에 이르는 길은 멀기만 하다.

길고도 짧은 인생이라 하더니
그 새가 싫으면서도 살아온 발자취 적지 않은데
내세울 공명 같은 삶은 아니었어도
굽이굽이 희로애락 인생사가 잔주름 되어
육신 곳곳에 훈장처럼 주렁주렁 장식되어 있다.

그러나 슬픈 일은
욕망 담은 마음의 나래
사십대가 저물어도 깃을 접지 아니하니
아직은 남았다 해도 유한한 인생사.

씨앗만 뿌리다 어느 세월에
행복의 열매는 거둘 수 있을지
내 뿌린 씨앗은 얼마나 추수할 수 있을지.

2002. 11.

어느 결혼식의 주례사

수성동할머니
둘째 아들의 둘째 아들이
어느새 장성하여
혼인성사 받는 주례사에서
"사랑은 숭고합니다.
숭고하지 않은 사랑은
사랑이 되려다 만 것입니다."
가슴에 와 닿게 차분히
신부님은 그렇게 강론하셨다.

무려 이십칠년만에
다시 찾은 대구의 계산성당
신부님은 바뀌었어도
마당의 히말리야시다와
고풍의 성당은 여전히 깨끗하다.

그 시절
내 다니던 성당에서
먼 거리에 있던 그 댁의 결혼식이라니
우연이더라도 묘한 인연을 느낀다.

무어라 변명할 여지도 없이
망각한 도리에 무심을 보탠 채로
실은 드문드문 생각은 했었지만
그때 그 시절의 우리 삼남매는
참으로 긴 세월이 흐른 뒤에

큰어머니 같은 수성동할머니를 찾아뵈었다.

조용하면서도 무게 있는 목소리로
"하느님이 맺어주신 것을
사람이 풀지 못하느니라."
신부님이 성혼선언 하신 것처럼
수성동할머니와의 인연도 그러하거늘
여든일곱 연세에 큰 주름지도록 까지
바쁨이 무엇이었는지 인연의 끈을 풀고 있었네.

2002. 11. 17.

무 제

지금 때가
그 시절인 만큼
문득 그 날이 그리워진다.

그때도 지금처럼
올 심은 벼포기 무성히 자라던 여름
무더운 폭염을 이고
고달픈 농사일 하루를 마치고
한저녁 서둘러 먹고서
어스름 달빛 가리개 삼아
밤 목욕하던 시절.

방천 넘어 노천샘물 길어
선녀처럼 머리 감고 목욕도 하고
옷갈이까지 한 시골 처녀와 걸으면
젖은 머리 스치며 부는 산들바람결에
총각 애간장 타게 죽이던
벌꿀비누 냄새와 자스민 스킨 향이
오늘따라 몹시도 그리워지는 까닭은 무엇일까.

그때 그 처녀만큼
내가 좋았던 것은
장마 모내기에 떠밀린 밀보리 늦타작으로
무더운 뙤약볕 아래 덮어쓴 까끄라기가
구슬땀과 범벅되어 끈적한 온 몸을
별빛이야 보라는 듯이 외면하고서

물 차가운 샘웅덩이에서 멱 감던 날밤의
시원함이었어라.

추억도 안 되는 회상이다.
다만 그 처녀가 그리운 것을 빼고는
그러나 돌아올 수 없는 세월이 그리워지는 것은
이제 나도 더 이상 청춘이 아닌 까닭이리라.

2003. 07. 14.

만추(晩秋)의 서(抒)

저문 가을 시유맹동 하늬바람 찬바람에
하릴없이 떨어지는 검단산의 솔잎 단풍
눈처럼 소리도 없이 빈 하늘에 내린다.

바쁘다고 못가보고 지나치며 볼 적에는
그림같던 산자락이 다가가서 품에 드니
나무들 잔가지마다 볼품없이 비었다.

마음속은 한결 같이 어제 같은 청춘인데
굽이굽이 인생고개 수미산을 넘고 돌아
내 삶도 어느 결엔가 황혼고갤 넘는다.

2003. 11. 3.

주문진항에서

서쪽하늘에는 미련같이
또는 아쉬움처럼
반 깨어진 쪽박 모양의 지새는 달이 떠 있는데
주문진항 겨울바다 멀리 아침 해가 떠오른다.

사랑과 평화를 기대하며
밤새도록 꿈을 잡아 만선하고
청홍 깃발을 찬바람에 펄럭이며
조용한 물길 세차게 갈라 물보라 튀기면서
크고 작은 어선들이 속속 돌아온다.

이유 같지 않은 이유로, 온갖 모함으로
한동안 고통에 찌든 나는
한을 토하며 가슴을 씻부신다.

나도 모르는 새 철없이 돋아난
외로움의 싹을 성큼 잘라
그리움에 버무려 사랑의 메시지를 보낸다.

해도 바뀌었고
이제는 그만, 평화롭게 서로 사랑하며
각자에게 주어진 길을 가야 하건만
사독처럼 미친 그의 영혼에
언제나 가을이 올지
도대체 알 수가 없는 일이로다.

2004. 01. 11.

항소심 재판을 마치고

법의 정의 보다
간교한 트릭이
우선 통할 줄은 미처 몰랐다.

신의 잣대라면 양쪽을 다 알고
공정한 시비를 가렸을 것을
인간 세상에는 또 다른 사(邪)자가 있기에
일 년여 동안 받은 스트레스 그 얼마이던가.

백안시 하고 가혹하게 몰아치며
기소한 검사조차 얼마의 벌금형이라 했는데
애당초 법의 정의를 믿었던 것이
후회되도록 가혹한 1심 판결이
내가 세상 보는 눈을 더욱 서글프게 했다.

그러나 어찌하랴 적자생존인 것을
싸워서 이기는 것이
정직하게 지는 것보다 정의라면
전력투구 싸울 수밖에
싸워서 이겨야 하는 세상인 것을
유전무죄가 여전히 존재하는 것인가 싶다.

그러나 신은 나의 운명을 저버리지 않음이라.
사필귀정이라 항소심에서는
예상대로 판결이 나왔다.
간특하고 간악한 그녀의 흉계가 건재한대서야

세상의 정의가 과연 있겠는가.

그녀의 죄악은 그녀 죽을 때
하늘이 엄하게 심판할 것을 믿으며
나는
이제 고통의 그늘에서 나와
더 약게 그러나 큰마음으로 살아가야겠다.

2004. 07. 21.

평호지 낚시터에서

내 고향 두메골
백현 평호지 물구비 따라
아롱다롱 야광찌들이
숨은 시선 뜨겁게 받으며
침묵으로 한가롭게 떠 있다.

오랜만에 가까이 만나는
밤하늘의 초롱한 별들이
밤안개 사이를 흐르는
엷은 운무를 가로질러
풀잎이슬 위에 영롱한 빛을 내린다.

무더운 여름밤은
어느새 깊고 깊어
고요히 삼경을 지나는데
고즈넉한 산중의 올빼미
구성지고도 낭창하게 슬피 울어댄다.

여름밤의 일류 합창단
청개구리 떼 자존심이 상하였나.
덩달아 악을 쓰며 질세라
쉰 목소리 더듬거리며
왁자지껄 소와성대와성 와글거린다.

삼복염천은 물고기도 더워서
피서를 갔는지 잠을 자는지
월척소망 저버리고 입질도 없어
무료한 낚시꾼 잠시 비운 빈자리에는
빗방울 같이 굵은 이슬만 촉촉이 내려앉는다.

2004. 07. 25.

나는 병이 들어

나는 병이 들어
명의가 영약으로도
고칠 수 없는 사랑병이 들어
날밤마다 죽었다 새로 살려 해도
특효약이 없어 특별처방도 없다네.

옛 짐까지 모두 실은
우리 현실의 무게가
그다지도 무거운 것인가.
에라 차차 다 벗어 두고
내일의 짐만 질 수가 없는지.

관습에다 구질구질한 정을 보태
흐른 세월이 만든 오늘의 올가미를
모른 척 홀가분하게 벗어버리기엔
차마 용기 약해 억눌린 것일 뿐
진정 못 고칠 병은 아니로다.

시름시름 앓다가
마침내 병이 된 우리의 정도
어느새 깊을 대로 한없이 깊어져
새로운 사랑올가미에 덜미를 잡혔거늘
어찌하면 좋을까 벗길 수가 없는데

2004. 07. 31.

또 한 해를 보내면서

거년에 이어 올해도
이전투구 못지 않은
송사와 사고로 얼룩진
보람보다 고통이 더 컸던 한 해

그러나 벼랑 끝에서
외줄타기로 끊어지지 않고
끈질기게 생을 이어온 한 해다.

삼재는 삼잰데 살 삼재라며
마가 많으니 조심하라던
누구의 말이 사실이라면
신의 예정조화론을 부정할 수 없는 일
지나 놓고 보니 틀린 것도 아닌 듯하니
내가 이미 신앙적으로 삿자가 된 탓인가.

재건축사업이 사업 중에
가장 말 많고 탈 많아
어려운 사업이란 것을 미처 알았더라면
누가 이런 일을 하려 할까.

정직하면 될 줄 알고 멋모르고 덤볐다가
오동낭게 걸린 연이 되었으니
꼴뚜기 뛰고 망둥이 뛰는 꼴을
다 참고 보면서
끝나는 그 날까지 조율하며 내달을 수밖에

※ 오동낭게 = 오동나무에

2004. 12. 12.

단식농성

북풍 찬바람
맹동한파 꽁꽁 언 날에
홑겹천막 의지하여
뜻밖의 단식농성으로 노상에 눕다.

때마침 다가온 강추위에
비싼 기름타는 난로가 있지만
새벽 냉기를 이기지 못하고
체감온도가 얼마인지
아랫도리가 빳빳하게 시려온다.

그야말로 말 그대로
춥고 배고프니
꾸벅꾸벅 졸음만 오고
이따금 아찔한 현기증도 난다.

장한 놈의 팔잔가
십자가 진 예수도 아닌데
정부의 억지정책에
국민들 이해가 엇갈려 고통만 는다.

성탄절 연휴로
의원님들 쉬는지
텅 빈 여의도 국회 앞 큰 길엔
찬바람만 원망스럽게 더 차갑게 분다.

2004. 12. 25.

단식농성을 마치고

춥고 배고픈 날들을
그럭저럭 하루 이틀 지내다 보니
그런대로 정이 들어
보금자리 같이 여겨지기도 한다.

마침내 마지막 날
수험생 같이 떨리는 가슴을 안고
의원회관을 동분서주 날뛰다가
분통터지는 답답한 가슴에 욕을 토한다.

이윽고 시간은 흘러
기대 반 - 실망 반
지친 모습으로 독을 품으나
무서움보다 망연자실 그대로다.

야호, 다행히 헛되지 아니하여
그나마 얼마간의 뜻을 이룸에
단식농성 고통이 단번에 사라진다.
동지들 모두 얼싸안고 눈시울을 적신다.

이제 따뜻한 집으로 돌아간다.

2004. 12. 27.

근대화 30년의 회고(回顧)

60년대

일제와 육이오의
긴 상처와 심각한 폐허에서 깨어
겨우 몸을 추스르며 기침(起寢)을 하고 있었다.

회색 하늘이
희망과 좌절 양론을 점지하며
한민족의 미래 선택을 시험하고 있었다.

혼돈과 혼란의 묵전을 갈고 갈아
나름대로 정성 들여 희망의 씨는 뿌렸지만
아직 싹은 트지 않았다.

주야로 일을 해도 보릿고개 넘지를 못해
감자 고구마는 호식이고 모든 먹거리로 끼니를 잇던 때
골목길 중국집 자장면 냄새가 더욱 배를 고프게 했다.

올해는 일하는 해 기치 아래
도시고 시골이고 모두들 나서
배고픈 가난의 한을 풀고사 혼을 길고 밤낮 일하였다.

(시골에서는)

밤에는 새끼 꼬고 가마니 치고

멍석 망태 삼태기 봉태기 다 만들고
낮에는 먼 산 나뭇짐이 땔감으로 마당에 들여쌓았다.

큰살림 소는 집집마다 다 갖지 못하였고
대신에 닭 치고 돼지 개도 길러서
가족보양에 손님 대접도 하고 살림 밑천을 장만하였다.

천수답 사갓뻬미 알뜰살뜰 일구고 텃밭은 채전으로
벼농사 전후하여 밀 보리 감자 마늘 완두 백곡을 가꾸느라
어혈지고 허리 굽도록 등짐 지며 손가락 터지게 일하였다.

과외로 치산치수 부국강병 휘호 아래
사방사업 부역으로 민둥산에 나무를 심었다.
먹거리를 위한 밤나무와 다른 유실수도 무수히 심었다.

(도시에서는)

말구루마 연탄배달에 골목길은 탄빛이 되고
찹쌀떡, 두부, 소금장수가 골목길 주인 되고
똥차 사업이 활기를 띠던 그런 시절이 있었다.

조국근대화의 선봉을 자처하며
새벽부터 밤늦도록 공장마다 일터마다
남녀노소 간에 흐르는 땀방울이 멈추지 않았다.

넝마를 재활용하고
양은도 때워 쓰고 단지도 때워 쓰며
중고품이 귀하도록 알뜰히 고치고 또 고쳐서 사용했다.

판자촌이나 해방촌에서도
옷가지 등 좀도둑이 훔쳐갈 물건이 있었고
오일장은 시들하고 상설 재래시장이 번성해갔다.

(어디서든지 간에)

차츰 살림이 피어나
먹살이가 나아짐에 행복감을 맛보자 신바람을 탔다.
서서히 미래를 위한 끝없는 투자 교육열도 불붙었다.

뽕짝과 팝송이 주류를 이루던 시절로
어정쩡하지만 나름대로의 아기자기한 낭만이 있었고
사랑이라는 단어가 대중 간에 일상화되기 시작하였다.

그때 그 시절에는 사람냄새가 났고
이웃 간에 인정이 넘쳐 상부상조 잘되었고
간적 존재감이 살아 숨 쉬던 진정한 인간세상이었다.

넘치는 소유의 이기주의 본능으로
과한 풍요가 인간성을 상실시키는 그런 일은 없었다.
개처럼 벌어서 정승처럼 쓰라는 교훈이 생존하였다.

70년대

미국은 인간을 달에 보냈는데도
달비까지 팔면서 만백성이 피땀 흘려 일한 결과
그나마 제1차 경제개발5개년계획이 성공하였다.

회색 하늘이
희망의 상징인 보랏빛으로 바뀌면서
한민족은 하면 된다는 자신감으로 차 있었다.

지난 날 정성 들여 뿌린 희망의 씨가 싹 트고
조국근대화의 첩경을 수출로 삼고
새마을운동을 신천지 조성의 행동철학으로 삼았다.

온 국민 혼분식으로 자급자족 외치며
그렇게도 높던 보릿고개도 7부 능선에 올랐다.
중국집 자장면 대신 라면이 널리 정착했다.

새마을 운동 바람을 일으켜
도농을 막론하고 길도 넓히고 집도 개량하고
조국근대화의 기반을 조성했다.

(시골에서는)

통일벼로 시작된 신품종 육성에
신농법 보급으로 농업근대화의 바람이 일고
비닐하우스농업이 농한기를 없게 하였다.

축산도 전업농이 생겨 부업 아닌 본업이 되었고
일년에 한두 번 명절에나 먹던 쇠고기도
가족보양과 손님 접대밥상에 손쉽게 올랐다.

경지정리 수로사업으로 천수답 사갓빼미 줄어들고
지게 대신 리어카와 구루마, 경운기, 트랙터로 바뀌었고
도시산업화와 농업기계화는 이촌향도를 가속화시켰다.

전기사업으로 농촌의 밤이 밝아졌고
전화사업으로 우체부 오가는 일이 줄어들었다.
냉장고 텔레비전 전기밥솥 필수품이 되었다.
식목일 나무심기도 경제수림으로 변하고
부잣집 대명사 과수원이 보편화되고
원예산업이 불같이 일어나 원예혁명을 이룩했다.

고깃국에 이밥 먹는 게
소원이란 말이 전설처럼 되었다.
옛날 임금님 밥상보다 훨씬 풍요로워졌다.

(도시에서는)

아파트가 생기고 빌딩이 생기고
고가도로에 지하철이 생기고 고속도로 생기고
마이카시대를 꿈꾸게 하는 꿈같은 비전이 제시되었다.

조국근대화를 위한 공업입국 건설의 붐은
새벽부터 밤늦도록 공장마다 일터마다
남녀노소 간에 식을 줄 모르는 땀방울의
신바람 속에 계속되었다.

식당과 술집이 늘어 가고
백화점도 현대화 되고
쓸만한 중고품 폐기가 점차 늘어만 갔다.

부자가 늘고 중산층이 늘자
도둑도 현금과 귀금속만 골라 훔쳐갔다.

상설 재래시장이 시들해지고 백화점이 번성해갔다.

도시로 몰려드는 사람 때문에
도시는 만원이 되고 더욱 커지고
전세와 집값이 천정부지로 올랐다.

(어디서든지 간에)

확실히 살림이 피어나자
먹살이에서 문화생활로 관심을 옮겼다.
끝없는 교육투자는 유학바람이 불기 시작했다.

뽕짝과 팝송 주류가 다양한 장르로 변해
사랑표현도 진하고 노골적인 로맨스로 변했고
노래가사에서나 드라마에서 빠질 수가 없다.

그때까지만 해도 사람냄새는 났고
이웃 간에 인정도 있어 상부상조 잘 되었고
간적 존재감이 살아 숨 쉬던 살만한 인간세상이었다.

넘치는 소유의 이기주의 본능으로
과한 풍요가 인간성을 상실시키는 일은 아직은 없었다.
개처럼 벌어서 정승처럼 쓰라는 말의 교훈이 잔존하였다.

80년대

100억불 수출 달성 이후
조선에 자동차 산업이 순풍에 돛을 달고

이 곳 저 곳 대형 공단이 우후죽순처럼 생겼다.

보랏빛 하늘이
산업공해와 스모그에 오염되면서
희뿌연 산업사회의 이기주의를 잉태하고 있었다.

싹튼 희망의 나무가 잘 자라서
미래 첨단산업 반도체와 컴퓨터시대를 예고하였다.
한 지도자가 죽고 나니 신천지조성 행동철학은 끝이 났다.

한 많은 보릿고개는 거의 자취를 감추었고
쌀 남는다고 금했던 쌀 막걸리 다시 만들라고 했고
다양한 외식산업 바람이 온 백성의 입을 즐겁게 했다.

한강의 기적을 피부로 느끼게 되었다.
화려한 세계축제 올림픽이 열리고
당당히 세계 경제대국의 대열에 나란히 섰다.

(시골에서는)

쟁기, 써래 골동품 되고 경운기, 트랙터가 지천이 되고
고성능분무기, 콤바인도 대중화 되었으며
모든 것이 자동화 되어도 불가능하리라 생각했던
모내기도 이앙기 출시로 자동화 되었다.

관정설비 지속하여 수리시설도 완료되니
양수기 소리 그치고 천수답 없어지고
해마다 풍년농사 시름없이 기약되었으나
UR, 수입자유화로 풍년기근 농가경제 주름이 늘었다.

조직배양 등 첨단농법은 더욱 발전하고
대규모 자동화에 분업화 되고 전문화 되어
경쟁력을 높이고 실농도 줄이니
사시사철 구별 없이 먹거리를 풍부하게 하였으며
상업경영 발판 딛고 기업영농 꿈을 꾸게 되었다.

축산업 대규모화 열기로 때로는 과잉생산 됨에
나물보다 고기값이 더 싸지니
소비자는 비만과 다이어트의 쌍곡선시대를 만났고
생산자는 품질고급화 · 차별화로 선진축산을 꾀한다.

국도확장 선형수정공사 전국에 성행하고
마을길은 물론 농로도 구석구석 포장 되고
경지정리사업도 대개 마무리 되니
농촌 마을들의 모습도 날마다 변해가고.
집집마다엔 자가용이 리어카보다 많아졌다.

(도시에서는)

지하철, 전철이 더더욱 확장 되고
고속전철이 생기고 고속도로도 거미줄처럼 만들고
자동차 산업이 미래를 향해 발전을 거듭하고
마이카시대를 넘어 1세대 다차량시대가 시작되었다.

조국 근대화를 위한 건설의 붐은 지속되고
수출산업을 선두로 가전 · 전기 · 통신산업을 발전시키며
반도체산업을 선언하고 이동통신사업시대를 열었으며
삐삐가 발목을 묶고 카폰에 이어 휴대전화가 출시되었다.

식당과 술집은 호황을 이루고
백화점 · 쇼핑센터에 이어 24시 편의점 · 대형마트가 생기고
외식산업이 주요유망산업으로 대두되었다.

부동산이 재테크의 큰 수단이 되고
주식시장이 성행하고 보험사업도 발전해 갔다.
저축미덕에서 소비미덕으로 전이하면서
소비자들은 고급브랜드에 눈을 돌리기 시작했다.

이촌향도현상은 피크를 이루고
88올림픽을 계기로 문화산업도 다양하게 발전하며
주택 200만호 공급에도 불구하고
전세와 집값이 70년대에 이어 계속 올랐다.

(어디서든지 간에)

중진국으로 경제발전이 자리를 잡게 되자
교육열이 더욱 뜨거워져 치맛바람이 일었다.
끝없는 교육투자는 조기 유학바람을 불게 했다.

수입만 하던 문화가 한류를 만들며
일본으로 동남아로 트로트가 퍼지기 시작했다.
가족계획 너무 잘해서 인구감소가 계속되고
서서히 산업사회의 폐해가 나타나기 시작했다.

인간의 근본인 충효는 옛말이 되어가고
이웃 간에 인정도 무너지고
보험금에 눈 먼 패륜아가 나오고

혈족 간에도 만남이 멀어져 남남이 되어가기 시작했다.

황금만능시대 물질최고주의시대가 시작되었고
사랑도 돈을 주고 살 수 있는 시대가 되었다.
돈 많은 신랑감이 후보 1순위가 되었다.
이수일과 심순애의 신파극은 당당함이 되었고
순애보는 케케묵은 고래적 전설이 되었다.

새마을운동에 새마음운동 하긴 했으나
잘살기운동에 정신차리기운동 했어야 하는데
나라와 겨레의 백년대계를 위해
지금이라도 충효교육 해야 하는데
나라 지도자들에게 말하고 청해도 쾌히 듣는 이가 없다.

2005. 02. 09 설날

춘몽애(春夢愛)

오동낭게 자줏빛 오동꽃
오동동 피었구나.
라일락 보라꽃이 쌍둥이처럼
백댄서를 하고 있는데
바람은 봄바람 솔솔 불어
그의 진한 향을 뿌리니
내사 가슴 저미는 사랑병에
이아고 두야 몸살이 난다.

어허야!
오동 - 동 - 동 · 삐릴리
시도 때도 없는 몸부림 같은
둥개둥개 콩깍지 낀 사랑
서로의 향에 취해 스리 살짝 맴을 돈다.

아이고 두야.
요것이 무엇인가
울퉁불퉁 오목조목
오밀조밀 듬성듬성
대조인가 대합인가
달콤히고 졸깃히고 못 말리는 맛이로다.

2005. 04. 중

정선 가는 길

먼 옛날 조상님이라
남의 일인 양 지내다가
정선입향조 이하 5대 조상님
시향 모시려 정선 북평땅을 향하다.

새벽안개 군데군데 시야를 가려도
중부와 영동고속도로 단숨에 달려
내 추억이 있는 진부를 지나쳐
언젠가 흰 눈 덮인 겨울에
출장 간 적 있는 정선 가는 길은
지난 여름 래프팅철에 무수히 붐볐을
물 맑은 동강계곡을 끝까지 끼고
굽이굽이 돌아가는 백리가도(百里嘉道)다.

한 해가 또 익어 가는 성추(盛秋)
빛바랜 래프팅안내 현수막만
바람 없는 언덕에 고요히 걸려 있을 뿐
산골자연 그대로 깊은 가을풍경에다
깨끗한 포장도로까지 더욱 정감을 준다.

방구와 자갈 더러는 날카로운 청석이
지천으로 널려 백리 넘게 이어진
계곡 따라 난 길로
돌 틈 사이를 맴돌며 더 맑게 흐르는
시냇물 동행하여 유유히 가는데
물 안에는 붉고 노오란 단풍의 형형색색이

물감처럼 오색찬란하게 선명히 잠겨있다.

옹기종기 둘러앉은 주변의 산 등성이마다
한창의 단풍이 푸른 솔을 사이에 끼워
알록달록 모자이크화처럼 수려하여
눈 뗄 수 없는 미색에 감탄사만 나오는데
이미 낙엽 져 가지 앙상한 나무들조차
한데 어우러져도 아직은 쓸쓸하지가 않다.

아하!
세상의 아름다움이 여기에 있거늘
설악산, 내장산 단풍이 곱다 해도
여기 아름다움에 쉽게 비할 건가.
이 산하가 메마른 내 불감증 정서에
훨훨 꽃불을 댕겨 시심을 태운다.

2005. 10. 26.

아버지 별세 1주기(1)

허겁지겁 허둥대며
그러나 바쁘게 살다가 보니
어느새 아버지 가신 지 한 해가 지났다.

"평생 너를 믿고 살았다.
네 덕에 오래 살았다.
누나한테 잘하고 동생들 잘 데리고
사촌들 하고도 잘 지내고…."
이렇게 아버지 마지막 당부 말씀 주심에
다만 나는 말 못하고 추억을 떠올리며
평생 자식위한 농사일로 거칠어진
아버지 마지막손을 잡고 하염없는 눈물만 흘리고 말았다.

이발을 하시고
거울도 보시고
다소 기분이 상쾌해 지시는 듯하더니
얼마를 갈지 어떨지 아무도 모른다는
의사의 말이 화급을 다투는 뜻은 아니었는데
다음날 첫새벽에 돌아가시다니
어디를 가시려고 그리 서둘러 떠나셨는지.

전에 그랬듯이
이번에도 좀 더 길지만 또 어지간해서
당연히 퇴원할 줄로 기대하고 믿었건만
홀연히 불귀 - 불귀 - 우불귀 - 애통하도다.
이 세상 피로 맺은 오십여년 인연을 두고

임종도 못 지킨 채
그 밤으로 마지막 이별길이 될 줄이야.

소상 대상 삼년상 치룬 뒤에
담제를 하여도 애통함을 달랠 길 없으련만
사세불체를 빙자하여
일년치상으로 갈음하고 탈상을 하니
아버지 우리에게 평생을 바치신 희생에 비하면
차마 죄스럽고 송구한 마음 가눌 길이 없도다.

누가 나를 흉하고
욕하는 것도 아닌데
오히려 요즈음 세상에
그것도 대단하다고 찬사를 하는데
여전히 내 마음 밝지 못한 것은
아버지로부터 받은 큰 은혜에 비해
아버지께 드린 내 감사가 너무나 미흡하고
마지막 주신 유훈 온전히 따르지 못하고 있음에
자책하는 마음 큰 까닭이어라.

※ 사세불체(事勢不逮)

2006. 03. 08.

아버지 별세 1주기(2)

아버지 !
구태여 용서를 빌지 않아도
한 마디 훈도의 말씀과 더불어
언제나 용서만 해주시던 아버지

아버지와의 옛일을
깊은 밤에 나 홀로
돌이켜 회상하고 추억함에
이 밤이 다 새도록 끊이지를 않는다.

아픈 기억 한 점 없게
완벽하게 사랑을 주신 아버지
입학식, 졸업식, 생일까지 등등
한 번 빠진 적이 없으신 아버지
다 같은 자식이어도
맏아들에 대한 기대가 크셨던 아버지

이런 저런 기억들이
안개처럼 피어오르니
그동안 메말랐던
앙가슴이 젖어 내리며
뜨거운 눈물까지 솟아 앞을 가린다.

울어도 울어도
소리 없이 우는 울음을
날이 새도록 울고 울어도

시원하게 씻부실 수 없는
애닯은 하소가 무엇이랴.

생명의 유한함이
인연의 유한함이
풀리지 않는 수수께끼처럼 있는 한
이 눈물은 결코 마를 수가 없음이라.

2006. 03. 08.

한강 둑을 거닐면서

후텁지근한 열기가
식을 줄 모르는 여름밤
가래여울 한강 둑길을
여럿이 동무하여
운동 삼아 산책하노라.

태음칠월의 상현달이
서녘하늘에서 어스렁 빛나는 아래
한 길만큼 무성한 쑥대나 공깃대섶 이웃하여
달마지와 망초대가 삼삼오오 무리지어
흐드러지게 한창 꽃핀 오솔길을 가노라.

이따금 불어오는 산들바람 결에
내딛는 걸음마다 다른 맛으로 풍겨오는
갖가지 초토향이 월색에 젖으며
살짝 코끝을 스치는가 싶더니
어느새 폐부를 밀어처럼 찌른다.

아 ~ !
자지러지는 외마디 탄성으로
깊으디 깊은 감동을 대신하고
눈 들어 강 건너편을 보노라면
워커힐과 강동대교 구리타워로 이어지는
긴 도로의 화려한 불빛들이
이내 나의 시선을 끌고 강물 속에 빠진다.

깊은 물 안에는
이미 붉고 푸르고 노오란
형형색색의 불꽃기둥이
수천 길 길이의 종류석처럼
길게 자라고 있다.
저것이 내 살아온 삶의 자취인가
알 수 없어라.

※ 공깃대 = 야관문 = 비수리

2006. 08. 03.

밤 줍기

예봉산 발치로
번천의 야산으로
동네사람들과 무리지어
이른 아침에 알밤 줍기 나서니
공기 맑아 상쾌하고 운동도 되어
어느새 나흘씩이나 피곤함을 마다 않고 나가다.

가을이 깊어지니
밤나무의 잎새마다 단풍이 물들고
더는 매달려 배길 수 없는 운명
지밤, 팥밤 더러는 대율
토란 토란 알토란같은 밤톨들이
토실토실 떨어져 낙엽을 깔고 덮고
지천으로 널려 있다.

동행들은 땀을 흘리며
눈빛을 있는대로 밝히며
어두운 숲 사이를 분주히 헤집는다.
아이쿠 허리야, 다리야
많이도 주웠구나!
이제 그만 돌아가려 해도
하염없이 튀어나오는 밤알들이
눈앞에 아른거리며 발목을 부여잡는다.

가슴 시원한 가을바람을
곁들여 마시며

입으로 벗겨내며 먹는
그런 산밤맛이 더 좋은 까닭은
가식 없는 순수함
격식 없는 자연스러움
그 자체이기 때문일 것이다.

2006. 09. 27.

굴밤 줍기

윤칠월 있는 해라 추석이 늦어
시월상순 고향의 절후가 이제사 가을이다.
올해는 웬일로 굴밤이 풍년이라
산마다 사람들 길을 내며 줍는단다.

고향친구는 학교 뒷산에서
한 섬이나 넘는 굴밤을 주워
용돈을 샀다며 은근히 자랑이다.

이웃마을 아줌마들은
나의 사슴농장 산을 샅샅이 누비며
굴밤에다가 알밤까지 챙겨서 간다.

굴밤을 줍는 일은 무관하나
틈틈이 심어둔 야생화
막 씨 돋아 난 어린 은행나무
내용을 알 리 없는 사람들은
굴밤에 눈이 멀어
그냥 밟고 마구 지나간다.

사람들 무단출입하여
이로울 것 하나 없는 농장에
가축전염병 감염 우려도 있으니
내년에는 부득이
입산금지 현수막 걸어야 하나 보다.

2006. 10. 03.

한가위 고향의 밤

선선한 바람이
차가움을 느끼게 하는
오늘 한가위 고향의 밤
눈이 시리도록
달빛 고요하게 무한히 밝다.

아!
고요한 이 밤
너무나도 밝은 달
크기도 하고 깨끗도 하네.
더는 할 말을 이을 수가 없구나.

희다가 - 희다가
오히려 빛바래어
노래진 만월의 월색은
백탄 타며 뿜어내는 푸른 불꽃처럼 차갑고
서슬 푸른 칼날 같은 날카로움으로 보인다.

그러나
내 가슴 품을 향하여 오는
그 빛은
부드러움이 되어 다가온다.

2006. 10. 06.

인생팔장가(人生八章歌)

생(生)

무명의 어느 날
무릉도원이나 에덴동산에서
감미로운 사랑그네를 타고
숙명으로 점지 받다.

어두움에서 빛으로
전생에서 현생으로
죽음에서 생명으로
영광의 선택을 받다.

그 순간을 시점으로
영원에서 찰나로 돌아와
편안함에서 고해로
만족에서 부족으로 들다.

고고지성 큰 외침으로
윤회의 굴레 바퀴를 타고
다시 죽음을 향해 길 잃은 양으로
이 세상의 한 구성원이 되다.

유(幼)

젖 먹고 사랑 먹고
이리 뒹굴 저리 뒹굴
세상물정 몰라도 하룻강아지처럼
참 행복한 순간이어도 만족을 알지 못한다.

부끄러움도 두려움도
권리와 의무 그리고 선악은 몰라도
배고픔과 아픔을 아는 본능으로
욕구와 부족을 채우려는 아우성을 한다.

무럭무럭 자라도
가는 세월이 마디기만 한 시절
부모 품을 오가며 어리광에 어화 둥둥
재롱둥이, 귀염둥이 천하제일 호사로다.

미운 일곱 살 되면서
개구쟁이 노릇을 도맡아 하고
야단을 맞아도
여전히 부모 품에 들어야 잠을 잔다

소(少)

이제부터 짐을 지고
고단한 인생의 짐을 지고
가나다라, 일이삼사 천재성을 드러내며
책가방을 짊어지고 경쟁의 대열에 들다.

소불근학노후회가 무슨 뜻인지 몰라도
배워야한다는 강한 세뇌에
서증도 내고 빼소니도 치며
그럭저럭 적응하며 사는 법을 배운다.

언제나 귀염둥이
하는 일마다 자랑이라도
더러는 엉뚱하게 말썽을 피워
어른의 애간장을 태우기도 한다.

내가 자라 돈 벌어
효도관광 보낸다고
성사불명 호언장담 한마디에
어른의 고단한 시름 한순간에 다 녹는다.

※ 소불근학노후회(少不勤學老後悔) : 朱子十悔中 하나

청(靑)

하늘을 잡고 때기를 쳐도 칠
뜨거운 가슴과 솟는 힘
넘치는 열정을 모아 모아서
젊어서 고생은 사서도 한다.

약년약관에 입지를 하고
일생 청운의 꿈을 밤낮으로
하룻밤에도 청기와집 수십 채를
지었다 허물고 다시 짓는다.

상아탑의 기본 학문에도
청춘의 꽃 이성에도
인생의 길 철학에도
봉사하며 이웃 사랑법을 배운다.

남아의 의무 병역을 필하고
당당한 남성으로 탈바꿈도 하고
만인의 귀감 충효의 도를 능히 깨우쳐
가정과 나라의 기둥이 될 다짐도 한다.

장(長)

청춘에는 한두 번 비틀거렸어도
앞만 보고서 가정과 직장에 충실하고
시계추처럼 정확하게 빈틈없이 열심히 사는 시기
뉘라서 이 길을 벗어나 살 수 있음이런가.

용케도 퇴출당하지 않고
때로는 당당하게 더러는 보람 있게
치열한 경쟁 속에 꿋꿋이 모범으로
일생을 영위하며 잘 산 것만 같은데

나를 바치고 뒷바라지만 하면서
그렇게 한 세월을 희생으로 살았는데
부부는 부부대로 아이는 아이대로
해준 게 무어냐며 제 속대로 한탄하니

마음이 무너지고 어깨도 처지고
허탈함에 이룬 것 없이 한 세상
어느 결에 다 지난 것 같다.
황혼에 다시 어디로 갈까.
어디로 가야 하나.

노(老)

먹거리 좋아지고
의술도 좋아져서
인생칠십고래희 이제는 빈말
구구팔팔을 외치며 가볍게 청년처럼 산다.

로맨스그레이
오브라디 오브라다 즐거운 인생
손자 손녀 뒷바라지하기에는
주어진 적은 날이 안타깝다.

그래도 노년은 황혼
오르내리는 계단길이 편치 아니 하고
같이 잘 놀던 친구 별안간 안보이면
밤새 안녕인가 내내 맘이 걸리곤 한다.

하루가 다르게 이제는 놀기도 버겁도다.
밤잠이 줄어드니 고단함도 남는구나.
미리 세상 떠날 준비를 하는 것이
순리를 아는 현자의 모습이런가.

병(病)

그냥 건강하게 살다가
어느 날 갑자기 훌쩍 떠나면
타고난 죽음 복이라고
안된 말이지만 축하받을 일이란다.

그러나 노환으로 몇 달 정도 병석에서
하나하나 불러가며 이별인사 다 나누고
남길 유훈을 모두 남긴 후
임종을 받으며 떠나는 것이 참으로 복이리라.

더러는 몹쓸 병들어 죽지도 아니하고
오랜 날을 고생하고, 시키면서 가산을 말려
병구완 삼년에 효자효부 없다는 말 틀리지 않더라도
이 세상 인연의 기본도리라 원망 말고 그 길을 가야 한다.

열녀와 효부는 고생 중에 나오는 말
내가 그분을 거두면
자손들도 나를 거두어 주리니
한탄을 말고서 주어진 운명대로 살아가야 하느니.

사(死)

하룻밤 찬바람에
단풍이 들었어도 그나마 매달렸던
나뭇잎 마침내 우수수 떨어지듯
우리도 저와 같이 떨어져 자연으로 돌아가겠지.

빛으로 왔다가 어둠으로 가는지
여전한 의문을 남긴 채로
누구는 천국으로 누구는 극락으로
더러는 지옥과 연옥으로 윤회와 부활의 길을 가는가.

겨를 먹고 살아도 이승
개똥밭에 굴러도 이승이 좋다고 한 말
그 말 참말인가 싶다.

죽음이 자연복귀라고 해도 못내 안타까운 것은
인생 팔장가의 막장 이별가를 부르며
땅을 치며 통곡하여도
다시 돌아와 만나는 인연을 보지 못함이다.
예서 이렇게 헤어지면 영영 이별이 되는 것이다.

2007. 01. 05.

흔들리는 내 마음

건너편 강 깊은 물속에
출렁이는 물결 따라
꾸불렁이는 불그림자처럼
갈팡질팡 흔들리는 내 마음
그대가 잡아주오.

이 밤이 새면
화려한 불기둥 깊은 자취도
다만 기억으로만 남게 되는 것처럼
행복한 이 시간이 지나고 나면
우리 이별인가요.

누구나 흔들리며 일생을 산다지만
굳고 굳은 우리 맹세 변할 줄은
그대 몰라 나도 몰라
우리 모두 몰랐어요.

영원할 수 없는
사람의 마음을 어쩌면 좋아
천만사 올올이 얽혔어도
그대 변함없이 날 사랑하거든
흔들리는 이 마음을 꼭꼭 잡아주오.

2007. 03. 16.

봄이 오는 문턱에서

이제는 장년기
늙어가는 길목에서
봄이 오는 문턱에서
무엇인지를 충분히 알지만 말 못할
가슴 찌릿한 안타까움을 느낀다.

나도 몇 번의 봄을 더 남겨두고 있는가.
할아버지에 이어
아버지 돌아가신 뒤에도 그랬듯이
내가 죽은 뒤에도
세상은 여전히 존재하고 이어 갈 것이로되
모습이 변하여 다시 온다면 낯이 설겠지.

육칠십년대 가난하고 힘들어도
꿈이 있고 인정이 있었던 그때
봄나물 맛은 참으로 좋았건만
밥 좋고 찬 좋은 지금의 봄나물은
맛은 고사하고 향기마저 옛답지 못하다.

삼시 세끼에 양 새참을 다 먹고
간식도 골라서 하루 종일을 먹어도
겉절이나물, 고추장, 된장 한 양푼에
보리밥 비벼먹던 그때보다 배가 고픈 것은
뱃살 채인 다이어트 때문에
이 봄에 배불리 먹지 못하고
참고 줄여 먹어야 하기 때문이다.

2006. 03. 09.

황당한 웃음꽃

오월의 한창 봄
신록의 생기가 넘치는 날에
황당한 오늘을 보았다.

붕성지통 한의 마당에
애간장 거름으로 피우는
절제의 웃음꽃을 보았다.

사랑하는 남편을 영안실에 두고
사랑하는 딸의 결혼식장에 서야 하는
가슴 터지는 그 여인의 마음을
감히 가늠할 수가 없다.

오호! 어찌 이리 잔혹하랴
하늘도, 하느님도
이런 운명을 교차케 하심인가.
무슨 핑계를 들어 내리시는 아픔인가.

굳이 내 받은 도움의 갚음이 아니라도
병중의 이웃을 더 살펴 위로하지 못한
미안함이 앞서는데
죄의 무게인양 마음이 무겁다.

살다가 이런 황당함에 대하여
위로의 말을 잊어버렸다.
다만 멍한 채로 울컥 솟는 슬픔을 삼키며
흐르는 눈물을 훔쳐 내렸다.

2008. 05. 18.

평온한 밤의 서정

태음 팔월열엿새
춥도 덥도 않는
딱 좋은 시원한 밤
미사리 강둑 넘어 흐르는
드넓은 한강수
숨을 죽인 듯 물결 없이 유유한데
어느 샌가
만월의 달빛은 산 그림자를 안고
조용하게 강물 속으로 내려앉아 있다.

이따금씩 들려오는
카페의 나직한 음악소리
솔바람 부는 결에 묻어오고
드문드문 오가는 연인들의 속삭임처럼
먼 데 불빛이 가로등을 무색케 하는데
요란하지도 너무 적막하지도 않는
이 밤의 서경적 분위기가
깊어오는 가을을 막아서고
돌아가려는 우리의 발걸음을 잡아둔다.

2008. 09. 15.

위화도를 바라보며

십수년 지나 다시 찾은 압록강
신의주 땅은 의구한데
단동은 격세지감으로 변했구나.

유유히 흐르는 압록강
끊어진 철교
맏조상 대은님의 발자취 남은 위화도
그 모습은 변함이 없다.

동북삼성을 우리 땅이라
편히 말하기에 아쉬움 있는 것은
이성계 역성혁명의 야심과 조민수의 오판으로
요동정벌 천재일우의 기회를 놓친
위화도 회군에 안타까움이 더욱 큰 탓이로다.

왜곡된 역사편찬으로 지워진
육백여년전의 일을 굳이 시비코자함이 아니라
요동정벌대 중군 오만의 수장으로
위화도를 단숨에 건너 심양성까지 다다라
천하를 회복할 시기를 고르던
나의 시조 대은(大隱) 변안열님의 대망이 애닯도다.

후일 정도전의 요동정벌계획이
가당치 못했던 것은
포룡(捕龍)에도 때가 있는 법
한 번 놓친 기회, 살아 승천하는 용을
다시 잡기란 어려운 까닭이어라.

2008. 09. 25.

쾌적한 가을밤

이상기후라서 덥다고 해도
시월하순 하룻밤 찬 이슬비에
가뭄으로 시들던 잎새들
단풍 못되고 우수수 푸른 잎으로 진다.

바람은 불어도 산들바람
밤 운동하기에는 안성맞춤
더 없이 쾌적한 이 시간도 순간으로
곧 추워지면 언제였나 싶게 추억이 되리라.

누르 시드는 억새풀들
하얀 수염 치켜세우고
키 재기 하는 미사리강변을
자전거 타고 달리면 더 먼 세상이 보인다.

부지런히 억새동산을 지나쳐 달리면
어디선가 꽃바람 타고 날아온 들국화 향기
밤의 그윽함보다 더 다감하게
코끝에서 폐부로 심중으로 깊숙이 스며든다.

예보대로 내일 비가 내리면
이제는 더 이상 쾌적할 수 없는 시간대
북서계절풍 하늬바람과 함께
계절이 시계바퀴를 타고 넘어 넘어가리라.

2008. 10. 22.

내가 좋아 하는 사람

누구나 다 그렇겠지만
내가 좋아하는 사람은
순종하면서도 자기를 지키는 사람

모두가 다 똑같겠지만
내가 싫어하는 사람은
반항하면서 자기를 지키려는 사람

젊은 날에 철칙처럼 꼽아 밝히던
학력 인물 재력 모두 없어도
지금 내가 좋아 하는 사람은
항상 웃는 마음씨 고운사람
일단은 순종하고
다음에 타협할 줄 아는 사람
피곤함과 상처를 주지 않는 그런 사람

시대적 착오라 해도
내가 좋아 하는 사람은
내게 순종하면서도 자기를 지키는
마음씨 곱고 이해심 많은 사람이니
그런 좋은 사람 어디에 있나요.
아마도 없겠지요. 지금 세상엔

2008. 10. 하순

종 말

집착에서 벗어나라고
청해 해보았지만
망할 고집은 받아들이기를 거부한다.

그러지 않았는데
혼자만의 상상으로
아무래도 충격이 컸던가 보다.

그에게 사랑은
소유인가. 질투인가.
스스로 갈등에 빠져 위로가 헛약이다.

더러 사랑은
본능에서의 태동이지만
자기를 버리는 포용인 것을
애증의 표출은 곧 이별의 신호이다.

이 종말은
비겁한 회피인지도 모른다.
질려버린 싫증인지도 모른다.
치유는 스로로의 몫
느끼지 아니하고 제 고집의 길을 따라 가버렸다.

2008. 10.

고백(告白)

최선이라 믿었던 선택이
경솔함이 되어버린 실패에도
좌절함보다 새로운 추구는
나의 숙명 같은 오래된 습관이다.

또 다른 선택은
후회가 되고만 선택에 보상이기도 하지만
내게 주어진 유한한 삶의 시간을
외로움의 늪에 쓰러져 허우적이기보다는
공허함을 채우기 위한 노력으로
굳이 신의 가호를 바라지 않는다.

이 고백이 그에게
엔돌핀 튀길 수 있는 인연이 된다면
축복이리라.

그리고 나에게는
천고(天孤)를 메워주는 동행이기를
염원하노라.

그리고 그로부터
나의 방황은 끝이 나고
깊은 행복감으로 시간을 죽여 갈 것이다.
실패가 다시 되풀이될지라도

2008. 10. 25.

성인봉 가는 길

천부를 지나쳐 나리분지에서
산채정식으로 점심을 이우고
성인봉 가는 길은 운무 자욱한 구름길
하늘마저 잔뜩 흐려 음산하다.

가파른 계단길
숨차게 올라 오르다가
성인수 한 바가지로
피로함을 달래어 본다.

정상 백여미 아래서
더없이 무거워진 발걸음을 멈추고
바윗돌 난간에 기대어
순간 어둡게 덮여진 하늘을 본다.

아름드리 우산고로쇠나무들
천장을 이룬 잎새마다
짙은 운무가 물방울 되어
가랑비처럼 떨어져 내린다.

성인봉 상상봉 기어이 올라
가쁜 숨 몰아쉬고 도동길로 드는데
별안간 불어오는 일진청풍에
오리무중의 구름안개 삽시에 흩어진다.

어느새 맑아진 남빛 하늘에
눈부신 햇살 타래 타래가
원시림 천장 사이를 뚫고
희망처럼 사선으로 연이어 내려온다.

2009. 05. 29.

다시 찾은 울릉(1)

한국수중환경협회의
독도바다 청소행사에 동참하여
삼십년 만에 다시 찾은 울릉도
높은 곳 올라 도동항을 내려 보니
산천은 옛 대로이되 마을은 더 말끔하게 변했도다.

독도를 다시금 다녀와
통구미와 태하를 거쳐
이곳저곳 구경삼아 둘러보고
옛 생각에 젖어 홀로 저동항을 찾았다.

내 근무하던 어선통제소는
어느 것인지 알 수가 없고
방파제가 높아지고 부두엔 어판장이 새롭게 자리했다.

동네 한가운데 빛나던 후박나무와
방파제 위의 촛대바위
그리고 바다의 파도는 옛 같이 여전한데
모시개 마을거리가 제법 변하여
살피고 또 살펴보아도 삼십년 전 옛 기억이 흐릿하다.

하룻밤을 지나고 찾은 하늘이 내린 천부는
변하긴 했어도 그 모습 역력한데
그때 그 시절 추억이 아픔인지
차분한 마음이 무거움이 되어 내린다.

2009. 05. 30.

다시 찾은 울릉(2)

한 번 발길이 열리니
금새 다시 또 울릉에 왔도다.

파랑주의보에 놀라
독도를 다급히 휘돌고
울릉도 서둘러 돌고 돌아
이윽고 발 묶인 몸이 오히려 한가롭다.

나를 삼킬 듯 거센 파도는
온종일 북저바위를 우롱하며 이는데
헬기도 출동하고 이웃배도 나섰으나
안타깝게도 끝내 조난소식 들리어 온다.

그 옛날 하룻밤을 묵고 간 내수전에서
싱싱한 회 한 상 차려놓고 소주 몇 잔 곁들이며
여유롭게 둘러 앉아 제각각 다른 추억을 회상한다.

천년 파도 맞고 만년 바람치고
늘-햇살에 타서 절은 바위 검은 우에
날으는 흰 갈매기 한 마리
지금도 여전히 외롭게 있다.

바람은 산들바람 부는데
파도치는 바다의 포말이 메밀꽃처럼 곱고
창망대해를 굴러온 공기조차 쾌청하니
얼큰한 기분 술잔에 넘치도록 좋다.

어려운 발길이 열렸으니
이 좋은 울릉에 곧 다시 아니 올 수가 없으리라.

2009. 08. 29.

나의 성찰

참사랑 찾아
밖으로 밖으로만 도는 것이
그동안의 내 인생이었다.

그제는 참이지 싶었지만
언제나 실망이 되고만 것은
그의 탓이 아니라
나의 탓임을 이제야 아노라.

참사랑
따로 있지 아니하고
바로 내 품에 안고서
방황을 한 것이 무릇 얼마인가.

행복이란 찾는 것이 아니라
맞추어 주는 것으로
내가 만들어야 하는 것을
그것이 그리도 억울했던가 싶다.

현재의 것에 만족하지 못하면
더 이상 찾을 이유도 없다.
그때마다 기대하고 곧 실망하는
이 못난 천성으로 하여금
나는 더 이상 바보가 아니 되어야 한다.

2009. 09. 21.

雪岳一景(설악일경)

雪岳之百潭溪谷　설악산 백담계곡에
到來盛秋與寒雨　찬비 더불어 한가을 왔구나.

明鏡玉水流且去　맑은 옥빛 시냇물 흘러 흘러가는데
連延流面輝日光　끊임없이 흐르는 물위에 햇살이 빛나네.

青松林外諸草綠　푸른 송림 외 모든 초목들이
旣已一切紅黃染　하마 벌써 모두 붉고 누르게 물들었네.

清氣涼風心自淨　공기 맑고 바람 시원하여 마음 절로 맑아지니
此地仙界上桃源　여기가 선계라 무릉도원에 비할 건가

其樣美麗好跡所　이 같이 아름답고 수려한 추억의 자리
丹楓遊客列又列　단풍놀이 여행객이 줄을 이어 오는구나.

2009. 10. 14.

강동문인회에 들면서

오라, 강동!
해 뜨는 강동이라
새벽을 여는 땅에
꽃처럼 향기로운 강동사람들

선사시대부터
이어내린 삶의 터전에
시심을 긍지 삼고
새 천년 오늘을 산다.

더러는 산문으로
더러는 기행문으로
그리고 또 다른 표현과 표현으로
각자의 기호와 취향과 장기로 어울린다.

이웃 강동사람의
고결한 영혼을
새로 기대해 본다.
어딜 가도 사람 사는 곳 다 한가지련가.

2009. 12. 00

제 6 장

2000~ 2013년까지

신년서설(新年瑞雪)

삽시에 이루어진
더없이 깨끗한 순백의 세상
폭설이라도 좋다.
신년서설

이 깨끗함 뒤에 다시
누추함이 더 진하게 드러날지라도
일순간 해맑은 마음 되어
너무나 행복하여라.

세속의 물들음이 단풍과 같아서
너나 할 것 없이 피할 길 없이
일상의 가지마다 구린 때들이
숙명 같은 운명으로 저려 붙어있거늘

하얗게 지워진 세상 위에
기억의 갈피를 굳이 추억으로 들추어내지 않더라도
이 순수함 이 깨끗함으로
한 해라도 살아봤으면

모든 기억을 놓아버린 채
이런저런 욕심과 욕망을 접어둔 채로
우리 집 강아지 말티즈 변두리처럼
이 순간 절로 행복한 마음 감출 수가 없어라.

2010. 01. 04.

설날의 추억

언제나 의지하던
아버지 자리 빈 채로
설차례상 앞에 선 맘이 더욱 허전하다.

차례를 마치고 공허하게 쉬고 있는데
오랜만에 사촌아우들이
예전처럼 대구서 왔다.

환담을 마치고
말풀을 뜯으러 간다고 오라고 청하기에
말기채비를 완성하여 못실 샘못으로 가다.

올겨울 눈비 자주 온 터라
말풀이 싱그럽게 잘 자라나 있다.
이미 봄이 예전처럼 물속에서부터 오고 있었다.

생채도 좋고 쌈으로도 좋은
봄의 첫 전령사 말풀의
은근하고도 아련한 향이 성급하게 군침을 삼키게 했다.

사람 모여 북적대는 것을 좋아해서
설날에는 유난히 누군가를 기다리는
그런 습관이 오래전부터 내게 있었다.

올 설날 모처럼 모여
한바탕 웃음 곁들이며 신나게 한 말풀뜯기가
아련한 추억 되새기고 새 추억을 지은 행복한 하루였다.

2010. 02. 14.

인연의 갈등

이별이 싫거든 만나지를 말라지만
혈연, 그 만남이
어찌 나의 바람이며 선택대로 이었으리오.

애별리고(愛別離苦)의 쓰라린 아픔과
원증회고(怨憎會苦)의 고통을 동감하는 것은
세상의 모든 만남과 이별이
다 운명이라 하여도
오직 하나 혈연의 만남은 숙명인 까닭입니다.

사랑도 우정도
스스로 원하여 만나고
마음이 다하면 헤어지지만
혈연의 만남은 소망할 바 못되기에 싫증이 없습니다.

유년에 어머니 돌아가심이 두려움과 아픔인 것에 비해
장년에 아버지 돌아가심은 회한과 안타까움으로
그 소회가 다른 것은
만남 끝에 오는 이별 뒤에 남는 정 때문인가 봅니다.

숙명이든 운명이든 만남과 이별을 모두
인연의 이름으로 위안 삼을 수 있지만
정이 없다면 그 만남도 무의미한 것으로
이별의 아픔과 안타까움의 크기는
살을 맞대고 갈등하며 산
세월의 무게 만큼인가 싶습니다.

2010. 02. 21.

춘삼월대설

삼월 구일과 십일
태음 정월 이십오일
오십칠세 내 생일날
춘설이 엄청난 대설로 내렸다.

종일 흐리며 뒤척이던 날씨가
밤들자 진눈깨비로 시작터니
한밤엔 폭설이 되고
다음날 아침까지 한사코 내렸다.

놓칠 수 없어 한밤에 사진을 찍는데
눈보라가 찬바람과 함께 눈앞을 가리고
나는 금방새 눈사람이 되었다.
말 그대로 영화 같은 장관이었다.

나무들마다 대단한 눈꽃이 피어
환상이라고 짱이라고 환호성이 넘친다.
풍년이 들 거라는 옛말을 되새기며
사람들은 기분 좋은 한 순간을 만든다.

춘설로 이만한 눈이 온 것은
평생 처음이라고 연상은 말한다.
올해는 강설기록을
모두 갈아 치운 해이다.

2010. 03. 10.

강동문인회에서

해 뜨는 강동 개벽의 땅에
도란도란 모여들어
들꽃처럼 향기롭게
아침이슬처럼 말갛게
삶을 이루어 가는 강동 사람들

선사 때부터
옹기종기 이어내린 이 터전을
스스로 선택한 궁지로
더러는 초대받은 기쁨으로
해맑은 시심을 머금고
여남은 일생을 살고자 한다.

그러나 여기도 인생장터
순수한 어울림보다는
이기와 배타가 난전처럼 있네.
인간세상은 어디를 가나
갈등과 충돌이 기본이던가.

아직은 속들이 알 수 없지만
예서도 교감이 펀치 아니하다면
문인회의 탈은 허울이다.

2010. 04. 00.

침묵의 빛깔

2010년 경인년
내 살아온 평생 중에
가장 고통스러운 한 해였다.

누구를 위한
무엇을 바란 몸짓이기 전에
스스로 택한 운명의 길이기에
망한다 해도 흥한다 해도
내 운명대로 감내할 수밖에 없었다.

침묵이 금이라고 하지만
침묵하는 다수의
정체성은 무엇인가?

그들 가운데도 다양한 색채가 있겠지만
내가 나약해지고 고통을 받는 순간에는
도움이 되지 않는 그들의 칼라는 회색이다.

그러나 회생함에
다가오는 그들의 빛깔은 우익의 보랏빛
그 간사스러움이 인간 일상의 모습이더이다.

예년에 없이 엄청나게 추운 날
상엄하게 떠오르는 신년 해맞이를 하며
그 어지러움들을 차디찬 송도 앞바다 물결에
시원하게 씻어 실어 보낸다.

※ 부산 송도 해맞이에서　2011. 01. 01.

사주와 신수 (1)

평생의 운세를 사주라 하고
일년의 운세를 신수라 한다.

사주는 운명의 틀이 기둥처럼 단단하여
그 변동이 민감하지 않으매
신의 예정조화론에 접한다.

신수는 기운의 변화가 조급하여
늘 변하는 사람의 마음 같아
운명창조론의 흐름을 가진다.

사주팔자를 바꾸는 일은 힘들어도
신수를 바로 잡는 일은 가능하여
신수를 통해 개운하고 사주팔자도 바꿀 수 있음이다.

대저 신수가 좋은 사람이 팔자도 좋은 법
그런 사람은 생각이 긍정적이고 발라
일상의 삶을 평온하고 복되게 이끈다.

더러는 힘 드는 것이 인생이라도
미리 알아 방비하고 의지하여 극복하면
아무리 어려운 삼재의 고통이 닥쳐도
사는 것이 나름 무난하여 행복하니라.

사주와 신수가
미신이 아님을 아는 것은
예정조화론과 개운론의 상관에 대한
깊은 깨달음이니라.

2011. 02. 상순

사주와 신수 (2)

지난 해 사주와 신수풀이로
최악의 고통 속에서도 큰 도움 받았기로
올해도 찾은 곤지암 최도사

춘절이 지나도 차디찬 수왕사
연초 신수풀이 찾는 손님이
매년 꾸준한가 싶다.

올해 나의 운세가 지난해에 이어
상반기엔 힘들지만 무난히 극복하고
하반기부터는
마침내 만사형통하는 수라니
미리 마음의 고통이 말끔히 가신다.

옳거니 힘든 첫 관문을
어렵사리 용케도 넘었다.
모두들 내게 우려와 위태를 말하였지만
내 마음은 의지가 있어 편하게 지났다.

그렇다.
고통을 이기고 넘어가는 것이
나의 타고난 사주팔자요 일상의 운세다.
힘들어도 힘든 줄 모르고
황소처럼 불도저처럼
그렇게 헤쳐 나가는 내 인생
하지만 역시 인생은 공수거이리라.

2011. 03. 상순

아버지 기일

벌써 여섯 해가 되었네.
빠른 세월이 쉬지 않고 다 - 지나가는데
나는 언제나 새로운 꿈만 꾸는구나.

벌써 여섯 해가 지났네.
나도 이제 예전 아버지처럼
황혼의 길을 가는데
마음은 늘 아들로 청춘이다.

벌써 여섯 해 된 오늘밤 첫새벽에
먼 길을 서둘러 떠나가신 아버지
마음속에 항상 감사와 자랑으로 계시지만
돌아와 다시 뵈올 길 없으니
시간이 흐를수록 더욱 호천망극이어라.

벌써 여섯 해 지난 오늘 밤
연도 기도에
축문 회고에
아버지의 영생, 천국생활을 기원하지만
아무러면
이안에서 함께 하던 때만 하리까.

2011. 03. 20.

오는 봄

수양버들 은빛가지 차디찬 하늘에
한자락 동남풍이 남실 불어오니
연하디 연한 연두색
작은 가지들의 빛깔이 은은하다.

하루하루 날마다
짙어져 옥빛이 되는가 싶더니
마침내 물올라 촉이 틀고
신록의 햇볕이 한결 따사롭다.

올봄에도 진달래 흐드러지게 피는
동산 모퉁이를 따라 돌며
냉이랑 씀바퀴, 달래랑 고들빼기는
먼저 캐고
쑥이랑 잔대는 나중에 캐었으면 좋겠다.

일찍 핀 목련 다투어 피는 개나리
개나리꽃 울타리 넘어 누가 오는지
멍멍이 짖는 소리가 우렁차다.

오기야 누가 오나
언제나 홀로 외로운 몸인데
굳이 누구를 기다려 조바심을 만들까
오는 봄은 그냥 두어도 오는 것을.

2011. 03 ~ 04.

가을밤 한강변

솔바람 차갑게 부는 저무는 가을 밤
미사리 한강 고수부지 공원
수양버들 가는 실가지 아래 누워
먼데 밤하늘에서 성글게 내려오는
희미한 별빛을 본다.

가까운 가로등에 빛바랜 별들이
오랜 기억처럼
먼데 하늘에서 희미하게 다가오는데
등잔불같이 걸린 인공위성별만
가까운 하늘에서 돋보인다.

길지도 않은 세상살이
무슨 꿈을 꾸고 무엇을 바라기에
누가 누구를 위해
우리는 언제나 고민하고 갈등하는가.

더러 고집대로 행동이 흘러도
걸림돌이 없는
여유로운 자리는 어디에 있는가.
우리 삶이 언제나 방황이 되는 것은
만족함이 없는 까닭이리라.

2011. 10. 20.

이모님 병상에서

구미 순천향병원 316호
세상에 남은 어머니의 일점혈육동기
이모님

내 어린 날
자기자식보다 더 나를 아껴 여기던
이모님

어머니 일찍 돌아가시자
어머니 같이 더욱 나를 사랑해주신
이모님

일생 거친 성품은 변함이 없어도
오늘처럼 드문드문 오랜만에 보아도
오냐, 우리 우택이
어디 갔다가 이제 오느냐 하시며
변함없이 반기는 이모님이
폐암이란 몹쓸 병중에 계시다.

사람이 늙고 병들고 죽어가는 현상은
내가 늦게 받아들인 순리이지만
이모님도 스스로 천명을 체념하기엔 아직 이른 듯
들자나자 하며 간병하는 아들 내외를 자주 보챈다.

어찌할 수 없는 답답한 가슴을 안고
다시 또 오겠다며 나서는 나에게
"말로만, 말로만…" 하시며 우시는 것은
헤어짐의 섭섭함이 그만큼 크시다는 것이다.

이모님 이 현실을 어찌하여요. 2012. 01. 23(설날)

이모님 상

임진 이월 팔일
기어코 이모님 떠나가시다.

그저 막막할 뿐
슬픔도 아픔도 어느 느낌도 없는 채로
다만 답답한 가슴을 심호흡으로 씻을 뿐이다.

오래된 갓실성당 종각의 하늘에
매달린 지난날의 기억들이
장례미사 드리는 엄숙한 순간에도
봄 아지랑이처럼 피어오른다.

이모님
이모부님과 육남매를 뒤로 하고 가시지만
이제는 답답한 가슴을 답답해 하시지 않아도 되네요.

앞산에 외할머니 산소 가까이
고이 잠들어
천국을 노래하시려나요.

지난 설날 잘 다녀왔다며 위안 삼는 제게
이제는 더 이상 "말로만…" 이라며
약속한 마음 담지 않으셔도 되시리다.

이모님, 편히 쉬소서.

2012. 02. 10.

오는 봄 가는 세월

어머나 !
벌써 은행나무 가지마다
봄눈이 콩알만 하게 부풀었군요.

나도 몰래
오는 봄은 좋으나
가는 세월은 어찌하나요.

무엇이 되어도
누구에게 물어도
시원한 대답은 없으니
그러다가 숙제를 안고 죽고 마는 게지요.

2012. 03. 19.

울 아버지

울 아버지 어릴 적 일제 강점기
집안살이 가난하여
학교문전에는 가보지도 못하고
지겟짐 지며 농사일 배워 농민이 되어
한평생 고생고생 논밭 일구며 살으셨다.

울 아버지는 엄마 같이
마당 닭 잡아 자식 생일 챙기고
유학 보낸 자식들 입학식 졸업식에 병원출입까지
좋은 날 궂은 날 일찍 가신 엄마 대신 사랑주시며
한평생 그리도 자상하게 살으셨다.

울 아버지는 태산 같이
모질었던 인생풍파 흔들림 없이 인내하며
부모는 자식의 거름이다
심지 굳은 철학과 아낌없는 실천으로
한평생 이웃의 칭송받으며 살으셨다.

울 아버지는 하해 같이
손해를 보아도 이해하며 갈등을 녹이며
종년근고의 끝을 보람으로 알고
수한풍박 다 이기며 부농이 되어
한평생 고향사람들의 귀감으로 살으셨다.

울 아버지는 군자 같이
화가 나서도 침 삼켜 참으시고

기쁘셔도 은근한 미소로 대신하며
마음 속 자식사랑, 환한 이웃사랑
한평생 인간의 도리를 깨달으며 살으셨다.

울 아버지는 성인 같이
스스로 때를 아시어
이번에는 집에 갈 수 없겠다며
고통의 마지막 순간에도 초조함 없이 의연하게
운명의 날을 기다리다 사순절에 가시니
한평생 참 신앙심으로 부활을 믿으며 살으셨다.

울 아버지 마지막 전날에
내 한평생 너를 믿고 네 덕에 오래 살았다
형제남매들 잘 부탁한다고 말씀하실 때
아버지 나, 두 손을 마주 잡고
어찌할 수 없는 무력한 이별 앞에
하염없이 울었다.

농업인 우리 아버지
보통사람 울 아버지
엄마 같고 태산 같고 하해 같으며
군자 같고 성인 같던 울 아버지
지금은 우리들 마음속에 영원히 사십니다.

2012. 04. 10.

낯설어가는 고향

누구나 한두 가지 아픈 과거를 갖고
아닌 척하면서
타관에서 태연히 살고들 있지만
타관에서 그 과거는 여전히 아픈 기억일 뿐이다.

그런 상처를 안고
드문드문 고향의 품에 들면
언제나 푸근하여
오랜 아픔도 기꺼이 추억이 된다.

고향은 늘 어머니 품만 같았는데
그럭저럭 타관생활 수십년 더 흘러
고향을 지키시던 부모님 돌아가시고
다정한 이웃어른 대부분 떠나시고
동무도 친구도 객지로 나가 소식이 뜸하고
옛 어른의 아들과 손자들 대를 이어 살아도
오늘 아침 고향은 문득 낯설어진 느낌이다.

내 어릴 적 아버지도 이 같은 마음으로
과거사를 말씀하셨는데
그때야 다만 그랬으려니
그것이 역사인 줄로만 알았는데
지금 이 시간 내 마음은
묘한 서글픔이요 안타까움이요
유한한 삶의 애닯음이로다.

고추의 붉은 열매 익어가는 계절
들마다 논자락마다 푸른 벼포기는
세월을 딛고 보람처럼 쑥쑥 자라고
논두렁의 풀잎마다엔 이슬이
진주알처럼 동글동글 맺혀있는 아침
이맘때의 고향정서는 행복이었다.

산천도 인걸도 많이들 낯설어진 고향
귀경길에 얼핏 본
채전에서 식전일 하시는 건넛마을 아주머니는
그래도 얼굴이 익었구나.
그나마 아직은
고향의 향기가 남아 있어 다행이로다.

2012. 07. 23.

다시 또 단동에서

늦여름 초가을 스산한 바람결에
익어가는 옥수수밭 끝없는 만주벌판
백마 대신 버스타고 고단히 가는데
드문드문 흐르는 시냇물 맑아서 희다.

서슬 푸르던 초목은 고개를 숙이고
온갖 풀꽃들도 마지막 춤을 춘다.
여기는 요녕성 단동 가는 길
헛간집 지붕 위에 핀 호박꽃이 정겹다.

다시 단동에 서서 압록강을 펼쳐본다.
강물은 불어 강폭은 아득한데
위화도 신의주는 옛대로 변함이 없고
단동만 자꾸 변하여 의기양양하구나.

"위대한 주체사상" 에서
"위대한 선군의 태양 김정은 장군 만세" 까지
붉은 글발 휘호는 몇 차례나 바뀌어도
인민의 배고픔은 풀어지지 않았구나.

낡은 유람선의 억지 유람객 춤사위가 어색하다.
"내 나라가 젤로 좋아" 굳이 써붙이지 않아도
네 배고픔을 아는 사람은 다 아는 사실
알량한 자존심보다 솔직한 진심으로
물불은 강물만큼 살림살이나 불었으면 좋으련만.

배고픔을 못 이겨 식량대가로
위화도와 황금평 개발권을 중국에 넘겼다니
아, 무슨 망국인가
대갓집 망하여 전답토지 팔아넘기는 꼴이라.

북한식당 예쁜 아가씨 불러주는 몇 곡의 노래
흥이 아니라 한이 되어
애잔한 아픔이 되고 눈물이 되는 것은
한 민족 동포애가 서린 탓 아니던가.

압록강아 잘 있거라. 이웃 단동도 안녕
언제일까 기약은 못해도
지금처럼 다시 또 나의 조국,
위화도와 신의주를 보고자 하노라.

2012. 09. 01.

제18대 대통령 취임식장에서

날이 흐려도 춥지는 않다.
이내 해가 난 것은 밝은 미래이리라.
춥고 배고픈 겨울을 겨우 지나
혹독한 보릿고개를 힘 모아 넘으며
나라를 일으킨 그때를 생각하매
눈물이 절로 흘렀다.

자꾸만 흐르는 눈물을
닦아도 마르지 않는 것은
아마도 절대 가난의 아픔을 벗겨낸
아버지 대통령에 대한
향수와 감동이 진한 까닭이리라

아버지 박정희 대통령 서거 후
어려움 타고 넘어 내공을 쌓고
이 나라의 첫 여성 지도자가 되었으니
더 잘해야 할 텐데
반드시 성공한 대통령 되어야 할 텐데
우리가 열심히 도와야 하는데
박근혜 대통령!

취임사에서
강력하고 야무진 다짐을 보이니
콩 한쪽도 나누고
계와 품앗이로 서로 돕던 전통저력으로
경제부흥, 국민행복, 문화융성

제2의 한강기적을 이루자고 호소하고
분단국의 아픔도 단호한 일침으로 경계하니
가녀린 여자의 몸이라 뉘 감히 마다하리오.

오 !
오늘의 감동이
대통령에게는 축복이 되고 성공이 되고
나라와 국민에게는 반석이 되고 번영이 되도록
5년 세월 짧다 하지 마시고 훈정순치해서
동방의 등불 대한민국을 진정
세계중심국가로 우뚝 세워주시기를….

2013. 02. 25.

낙동강의 새 추억

뭇사람 반대에 내 지지한 4대강사업
마무리 되어 가는 낙동강 천삼백리
보존할 것은 보존하고
바로 잡을 것은 바로 잡고
고칠 것은 고쳐서 산듯하게 정비했다.

어지럽던 모래섬 사라지고
강물 넘실넘실 불은 강둑을 따라
굽이굽이 난 자전거도로
경지정리와 고수부지 조경으로
깔끔하게 모습 변해 옛 자취 더듬기 어려워
추억을 잃어버린 묘한 기분에 녹아든다.

사공요, 사공요, 뱃사공요
목 놓아 부르던 괴평나루와 강정나루터
밀밭길 땅콩밭길 가로질러 오가던 강나룻길
어릴 적엔 그리도 아득하던 길이
지금 보니 먼 길이 아니로다.

저기 낙동강물처럼 흐르고 흘러
어느새 반백년이나 지나고만 세월
몹시 가물던 어느 봄날
여기 샛강에서 고기 잡고 조개 잡던
귀한 추억인들 나 말고 누가 기억하랴.

2012. 05. 05.

지난 겨울

지난 겨울은
근년 들어 드물게
춥기도 춥거니와 눈도 자주 와
겨우내 빙판이더니
춘삼월이 다 되어서야 녹아내린다.

도시에서 모처럼 설국을 만끽하였지만
핍박해진 서민경제 현실이
마음을 각박하게 짓눌러
감동이 피지를 않았다.

먹살이가 좋아야
마음도 너그러운 것은
아직도 하등의 존재인가.

배고프고 손발이 시리더라도
넉넉한 양 고고할 수 없는 것은
사람도 생명인 까닭이리라.

언제 이 어려움 벗어나려나.
새 정부의 새 출발이 훈풍이 되려나.
그런데 발목 잡는 분들이 문제로구나.

2013. 02. 27.

봄등산

눈 녹은 검단산에 물소리 낭랑한데
쇄락한 내 육신은 발걸음 더디구나
봄 산은 새 출발인데 저무는가 내 인생

산위에 올라보니 사방이 트였도다
누구의 작품인가 더 고운 금수강산
늙는다 한탄을 하랴 남은 인생 중하다

하산길 가볍구나 호흡도 골라졌다
겨우내 굳었던 몸 기지개 켜고 난 듯
영육이 해맑아지니 봄기운이 솟는다.

2013. 03. 10.

다시 고향으로

고향에 새집을 지으련다.
남향받이 낮은 산언저리에
늘 소망한 그림 같은 기와집을 지으련다.

다시 고향으로 돌아갈 날 아직 기약은 없지만
예전 정서와 그리움을 전통으로 담아
솟을대문 팔작집에 육간대청과 누마루를 들인
고요하고 운치 있는 한옥을 지으련다.

내 열세 살 어린 어느 겨울날,
아버지 따라 대구로 유학 가며
고향을 떠난 때가 벌써 48년
타관생활 그 끝을 알 수가 없지만
그래도 언젠가는 고향으로 돌아가야 하지 않을까나.
떠나려 해도 마음이 언제나 그곳에 있으니
그곳에서 나의 삶을 마치고 싶다.

40여년간 구미공단 국가산업단지로 세상이 바뀌어도
운 좋게 나의 살던 마을엔
여전히 내 옛날의 추억이 익숙하게 남아 있어.
그때를 느끼며 아버지, 어머니 그리움 달래며
여남은 날을 마무리하며 살다가
할아버지, 할머니, 아버지, 어머니처럼
그렇게 자연으로 돌아가련다.

그리고 가례(家例)와 함께
대대로
그 한옥을 수향당(守鄕堂)으로 물려주고 싶으다.

2013. 06. 04.

가야공원에서의 담화

비워야 채워진다.
채우려면 비워라
흔히 듣는 이 말은
명언이 아니라
살면서 체험으로 깨친 말이라네.

장맛비 오는 강변마을
미사리 가야공원에서
목사님, 교수님, 재력가
유명인들의 담화는 진지했다.

천억재산 부자의 지난날은
장판에서 난전장사에 지게꾼
날품팔이로부터 시작해
안 해본 일 없는 사람이라네.

저질러야 성공한다는 자서전을 받고
독도사랑30년 시집을 선물했다.

오는 길에 부자는 역시 다르다.
자린고비, 스크리지 버금간다고
아쉬움 반 썩은 토로가 나왔다.
그가 지금도 채우기 위해
비우고 있는 것인지 어쩐지
성급한 평가이니 좀 더 두고 보자고 했다.

남다른 사람살이 다 별난 것이지
호락호락한 것이 어디 있겠나.

2013. 07. 16.

두견새 울음

내 어릴 적
아버지 일터 앞동산 밭가 숲속에서
따듯한 봄날부터 여름날까지
해 저물도록 울던 두견새
내 나이 환갑이 되도록
그 곳에서 여전히 우는구나.

도시에서 나고 자란 아들
강현이는 접동새 울음을 두고
비둘기 우는 울음인가 하고 묻는다.

'홀딱 자빠졌다'
'쪽박 바꿔주우'
그런 애조로
장맛비 오락가락하는 오늘도
그때처럼 귀촉도는 자주 운다.

오십년 흐르는 세월에
조손(祖孫)의 대가 바뀌어도
한참을 바뀌었을
자규의 후손 우는 울음은 매양 한결같다.

아련히 떠오르는
그 옛날의 추억
밭 갈고 씨 뿌려 여물을 거두던
아버지 장년시절이
흐린 영상처럼 설핏하나 그립다.

2013. 07. 28.

환갑에 즈음하여

내 어린 날 할아버지 환갑 때
온 동네 큰 잔치 벌였다.
마당에 차일치고
면내 사람 다모이고
몇몇 일간을 잔치마당이었다.

병풍가리고 큰상 차리고
할아버지 갓 쓰시고
할머니 새 한복 입으시고
대소가 친인척 간에 호사하며
찍은 흑백사진
지금은 명암이 흐리다.
그때 환갑 할아버지는 동네 상노인이셨다.

아버지 때는
잔치 대신 여행가는 집 늘며
풍습이 조금 변했다.
의술 좋아지고 먹살이 좋아져 수명 길어지니
수연잔치는 칠순으로 미루어진다.

이젠 내가 어느새 환갑을 맞는다.
유수 같은 세월 물 막듯 막을 수가 없어
나도 마침내 황혼길로 들었다.

환갑이라 육십갑자 새 출발이니
인생은 육십부터 큰돌잔치 할도 만한데

이제는 칠순도 쑥스러워 팔순잔치 한다니
감히 환갑잔치를 들먹이랴.

시속(時俗)이 그렇다 해도
생애에 단 한 번 환갑생일을 무심하긴 싫어
동기(動機)삼아
지난 삶을 성찰하고 매듭을 짓고
남은 황혼의 날을 새 출발하는 마음으로
그동안 일평생 쓴 시를 묶어
시집으로 내고 겸하여 조촐하게 기념하려 한다.

비록 만년에 등단한 몸일지나
변함없이 예전처럼
시전(詩田)을 깊이 갈고 있음에
나의 일생살이 역사로 일기도 좋지만
이 시집을 회갑기념집으로 기쁘게 남기도다.

2013. 10.

아버지는 그래도 되는 줄 알았습니다.

아버지는
그래도 되는 줄 알았습니다.
하루 종일 들에서 죽어라 힘들게 일해도

아버지는
그래도 되는 줄 알았습니다.
논밭갈이 들밥에 묵은지 찬밥 한 덩이로 점심을 때워도

아버지는
그래도 되는 줄 알았습니다.
한겨울에 맨손으로 쇠똥을 치고 인분풀이를 해도

아버지는
그래도 되는 줄 알았습니다.
힘들어도 부모는 자식의 거름이라며 식구들 다 편안케 하고

아버지는
그래도 되는 줄 알았습니다.
잦은 무논일에 발뒤꿈치 다 헤져 이불이 소리를 내도

아버지는
그래도 되는 줄 알았습니다.
거친 들일에 손톱이 깎을 수조차 없게 닳고 문드러져도

아버지는
그래도 되는 줄 알았습니다.

어머니가 투정하고
자식들이 속 썩여도 전혀 끄떡없는

아버지는
그래도 되는 줄 알았습니다.
돌아가신 할아버지 보고 싶다,
할머니도 보고 싶다, 그것이 그냥 넋두리인 줄만 ---

한밤중 자다 깨어
아픈 배를 주려 잡고 한없이 고통스러워하시던
아버지를 본 후론
아 ! ~
아버지는 그러면 안 되는 소중한 분이었습니다.

※ 심순덕 시(詩) '어머니는 그래도 되는 줄
알았습니다' 리메이크

뒷마당

잡석밭에서 애써 좋은 돌을 골라도 잡석이겠지만 그래도 시집이라고 세번째 엮는 책이라서 나름대로 엄선하고도 싶었다. 그러나 나에게는 졸작이라도 한 편, 한 편이 일기장같이 나의 역사가 깃들어 있는 까닭에 스스로 소중함을 느끼고 제1시집 '내 죄 사함을 위하여 내 인간 사랑함을 위하여' 와 제2시집 '독도사랑30년' 에 수록된 것을 제외하고는 모든 습작까지도 거의 빠짐없이 시기별로 전편을 수록하였다. 시문의 하단에 표기된 연월일은 초고를 시작한 때이다. 그리고 나는 이 시집에서 국어문법이 정하는 바와는 별개로 "님" 은 존경의 대상(Agaphe)으로, "임" 은 연모의 대상(Eros)으로 사용했다.

비록 이 시집의 시는 인구에 회자하는 유수한 시들과 비교해 미숙하고 부족함의 투성이 일지라도, 화려한 수사와 기교도 중요하지만 그 보다 우선시한 것은 누구에게나 편하게 이해되도록 하기 위하여 시는 쉬워야 한다는 공감아래 일평생 쉽게쉽게 쓰는 노력을 한 결과물이다. 가필과 정정도 지난 날 내 삶의 의미와 감정을 가능한 한 그대로 살리는 차원에서 가볍게 다듬질 하였다. 수려한 기교와 아름다운 시어의 조탁도 당연히 중요하지만 비록 서툴더라도 문학을 전공하지 않은 나의 능력 안에서 그것이 그 순간순간 나의 경험적 감정과 느낌을 표현한 순수한 노래이며 그 자체가 소중하다고 생각되었기 때문이다.

혹시 귀하께서 이 시집을 읽으시거든 문학적 평가보다는 평범한 개인이 인생을 살면서 갈등하고 고뇌하며 깊이 느낀 그 순간의 감정을 정리한 인생역사로 이해하여 주시면 더없이 감사하겠다. 그래서 이 시집의 이름을 "살면서 느끼면서" 또는 "기쁜 날도 슬픈 날도" 이 둘 중에서 선택하려고 오랜 날을 고민한 끝에 마침내 "살면서 느끼면서"로 결정했다.

한편, 내가 지은 시를 오랜 세월이 흐른 뒤이지만 스스로 읽을 적마다, 다행스럽게도 기록으로 남은 초등학교 6학년 이후부터 48년(1965년-2013년)동안의 내 인생의 기억이나 추억이 생생하게 떠오르는 까닭에 더없는 감회를 느끼게 되는데 그것으로 이 시집을 펴냄에 대한 충분한 대가로 여기고자 한다.

끝으로 지금 우리나라도 살기가 좋아져서 100세 시대라고는 하지만 회갑을 맞은 지금 앞으로 내 삶의 날이 얼마나 지속될지는 모르는 일이다. 그러나 그날까지 지금까지 했던 것처럼 열심히 살아보려고 하며 다만 건강하기를 소망한다.

더불어 문화가 다르고 생활환경과 수준이 다르더라도 한 시대를 함께 살아온 이 세상 모든 분들에게 동행의 감사한 마음을 전하는 바이다.

- 2014년 태음 1월 25일 새봄을 기다리며
시인 **변우택**

필자 月湖 변우택(邉宇澤)의 약력

1954년 1월 25일 午時(太陰)에 경북 구미시 산동면 적림리 266-1번지에서 출생하고, 중학교부터는 대구에서 자취하며 공부하고 자랐으며, 현재 서울시 강동구 고덕로 79길 263동 203호 (고덕주공아파트)에 살고 있다.

■ 학력 및 경력

산동국민학교 졸업
청구중학교 졸업
대구농림고등학교 원예학과 졸업
경북대학교 농과대학 원예학과 졸업
경북대학교 대학원 원예학과 졸업 (농학석사학위 취득)
재건축실무교육 수료 3회(토코마, 주거환경연구원, 재건련 주최)
건국대학교 행정대학원 재건축전문가반 제6기 수료
건국대학교 행정대학원 도시및지역계획학과 졸업 (도시계획학 석사학위 취득)
백두산문학협회를 통해 문단(詩)에 등단하고 1년 후 한국문인협회 회원으로 가입하다
대구농림고등학교 학생회 부회장 · 회장 역임
경북대학교 농과대학 원예학과 과대표, 학회장 역임
대한민국 육군보병 상병 만기제대(전투경찰 : 경북경찰기동대, 울릉경찰서 독도경비대근무)
(주)한농종묘 육종연구소연구원, 영업부 직원, 기술보급부 팀장 역임
청원종묘(주)영업 · 개발 · 홍보부장 겸 상품관리 · 육종부 총괄 역임
청원종묘(주) M&A로 개명↔ 현 사카타코리아(주) 개발이사 역임
전 (사)한국종자협회 이사(대)
전 (사)한국종자협회 법안소위원회 위원 및 종자산업 발전위원회 위원
전 (사)한국화훼종자협회 이사(대)

전 고덕주공2단지입주자대표회의 이사
전 고덕주공2단지재건축추진위원회의 이사
전 고덕주공2단지아파트 입주자대표회의 회장(6회연임)
전 고덕2동 방위협의회 위원
전 고덕2동 주민자치위원회 위원
전 개발이익환수 악법저지특위 제1기와 제2기 공동위원장
전 서울시 재건축연합회 부회장 / 고덕재건축연합회 회장
전 한나라당 강동갑지구당 온조산악회 사무국장
전 한나라당 도시정비위원회 부위원장
전 중국, 일본 연수 및 업무출장 다회
전 전국 각지 대 농민 교육 및 세미나 300여회
전 전국 각지 대 농민 영농상담 및 기술지도 수천 회
전 원주변씨 참판공파종친회 총무이사
전 원주변씨 중앙화수회 상임이사
전 건국대학교 행정대학원 재건축전문가반 제6기 동기회장
전 고덕주공2단지아파트주택재건축정비사업조합설립추진위원회 위원장
전 주거환경연합 법률제도개선위원
전 한나라당 서울시당 홍보위원회 부위원장
전 한나라당 중앙당 서울시당 강동갑 중앙위원
전 한나라당 강동갑 온조산악회 회장
전 한국자유총연맹 강동지부 부지부장
전 제14기 민주평통자문위원
전 사단법인 한국수중환경협회 이사
현 고덕주공2단지아파트주택재건축정비사업조합 조합장
현 고덕주공2단지아파트입주자대표회의 263동 동대표
현 죽리사슴 · 축산 대표(since 1998)

현 주거환경연합 이사
현 새누리당 당원
현 강동문인협회 회원, 백두산문학회 회원, 한국문인협회 회원
현 2013년 원주변씨 화수회 이사, 참파공파 종친회 이사, 병사공 종회 감사
현 대한민국평화통일촉진 문화인선언대회 공동총재

■ 토론회 참석 경력 등

1. 주거환경연합 주최 토론회 토론자로 참석 2006.12.18(월)한강컨벤션대회의실
2. 동북아포럼 주최 토론회 토론자로 참석 2007.04.24(화)고덕주공2단지@ 2층 회의실
3. 김영선 · 김충환국회의원주최 '대선후보에게 바란다 - 재건축 · 재개발 중심 주택정책 대토론회' 토론자로 참석 2007.11.08(목)국회헌정기념관 대강당
4. 2012년 10월 암사선사축제 강동문인회 시화전 참여(독도사랑 30년 시집 배부 및 서명)
5. 2013년 4월 18일 강동문인회에서 독도세미나
   2013년 10월 24일 한국문인협회에서 독도포럼.

■ 기타사항

5호선(5-49공구) 지하철공사 시 263동 피해보상 대책위원장
법원판결 사상 환경문제 관련 소송 초유의 90% 승소 보상받음

■ 상벌사항

경상북도 교육감 표창, 울릉경찰서장 표창, 직장 대표이사 표창, 건국대학교 행정대학원장 표창, 한국화훼협회장 공로패, 기타 감사장 등 다수 수상

■ 자격증 소지

2급 준교사 자격증 소지(문광부), 조경기사1급 자격증 소지(건교부), 원예종묘기사1급 자격증 소지(농림부), 종묘관리사 자격증 소지(농림부), 재건축실무교육 수료증(토코마), 재건축실무교육 수료증(주거환경연합), 재건축전문가반 수료증(건국대학교 행정대학원)

■ 저서

제2시집 『독도사랑 30년』

麗朝一等功臣原川府院君不屈堂原州邉氏始祖大隱公諱安烈文集 拔萃製本

양친회고록 및 가훈집 『특별한 한권의 책』

제1시집 『내 죄 사함을 위하여 내 인간 사랑함을 위하여』

죽리사슴연구농장 생산품 안내집(1, 2, 3집)

논문 『GA3 및 4-CPA 단용 또는 혼용처리가 거봉포도 무핵화에 미치는 영향』

경기도 기호문학에 詩 다수작 게재, 강동문학에 詩 다수작 게재, 사상과 문학에 詩 다수작 게재, 고교교지 『샘물』, 대학교지 『와성』 편집위원장 또는 편집위원.